聚焦重要概念的生物学单元教学研究丛书

丛书主编 周初霞

聚焦重要概念的生物学单元教学课例研究

生物技术与工程

周初霞 林 永 周忠芬
尹春跃 卓芳芳 洪 波 著

浙江科学技术出版社

版权所有　侵权必究

图书在版编目（CIP）数据

聚焦重要概念的生物学单元教学课例研究．生物技术与工程／周初霞等著．— 杭州：浙江科学技术出版社，2023.2

（聚焦重要概念的生物学单元教学研究丛书／周初霞主编）

ISBN 978-7-5739-0481-2

Ⅰ．①聚… Ⅱ．①周… Ⅲ．①生物课－教学研究－高中 Ⅳ．① G633.912

中国版本图书馆 CIP 数据核字（2023）第 024023 号

丛 书 名	聚焦重要概念的生物学单元教学研究丛书
本册书名	聚焦重要概念的生物学单元教学课例研究　生物技术与工程
丛书主编	周初霞
著　　者	周初霞　林　永　周忠芬　尹春跃　卓芳芳　洪　波
出版发行	浙江科学技术出版社 杭州市体育场路 347 号　邮政编码：310006 办公室电话：0571-85176593 销售部电话：0571-85176040 网址：www.zkpress.com E-mail：zkpress@zkpress.com
排　　版	杭州万方图书有限公司
印　　刷	杭州高腾印务有限公司
开　　本	787mm×1092mm　1/16　　印　张　7.75
字　　数	200 000
版　　次	2023 年 2 月第 1 版　　印　次　2023 年 2 月第 1 次印刷
书　　号	ISBN 978-7-5739-0481-2　　定　价　58.80 元

责任编辑　陈潇潇　曹梦洁		**责任校对**　陈中威	
责任美编　金　晖		**责任印务**　崔文红	

丛书总序

基础教育改革已经进入内涵发展的新时代。本次课程改革系统而全面地建构了核心素养的教育理念，从学生发展素养，到体现各学科特点的学科核心素养，再到根据学科核心素养发展水平和相应内容研制的学业质量标准，可以说从学理上完成了对核心素养这一理念的建构。现如今，怎样基于核心素养的发展要求实现课堂教学的根本转型，已成为每位基础教育工作者需要回答的命题。

"创新"是浙江精神的关键词，浙江省的课程改革一直走在全国的前列。浙江省教育厅教研室的教研员们更是以智慧和勇气矢志改革、锐意探索，掀开了浙江省基础教育崭新的一页。浙江省高中生物学学科教研员、特级教师周初霞老师就是一个典范。她领衔的团队针对一线教师普遍关注而又感到困惑的关键问题，如：什么是大概念，为什么要聚焦大概念，如何开展基于大概念的单元整体教学，从理论和实践层面进行了大胆探索，并组织编著了"聚焦重要概念的生物学单元教学研究丛书"。本丛书不仅反映了他们在课堂改革道路上所做的种种努力与探索，记录了他们在课程改革中坚持不懈的心路历程，更为学科育人找到了一个正确的打开方式。细细读来，多有启示。

一是着眼素养为本的课程理念，诠释并演绎了教学范式。核心素养是育人目标，学科核心素养则是学科育人目标的具体化。学科核心素养的本质是学科思维，经验化和结构化的"大概念"或"大观念"是理解的锚点，是学科思维的支撑点。据此，周初霞老师的团队聚焦生物学重要概念探索单元整体教学，开展了"教学设计""课例研究"和"范式研究"三个系列的研究，并将研究成果以丛书的形式呈现给读者。其中"教学设计"系列，从重要概念的视角重构了教科书中的单元学习主题，探索了以核心素养为导向的单元整体教学设计框架。本系列是研究的雏形。"课例研究"系列，从聚焦重要概念的视角进行了单元教学的课堂实践。结合具体课例，研究单元重要概念的解构、学习目标的制订、学习情境的创设、学习活动的设计、学习评价的实施等操作指南。本系列是理论走向实践的行动改进。"范式研究"系列，提炼了"境脉架构模式""五构概念教学法"等聚焦重要概念的单元整体教学范式。本系列是研究的理论发展。

二是立足学科育人的基本内涵,探索并创新了思维课堂。核心素养的发展要以学习方式的转变为关键,而学习方式的改变核心是思维方式的改变。中国工程院院士钱旭红认为:"能力增长不仅仅靠知识,而更靠运行知识的逻辑—思维是否足够自由多样。单靠知识改变不了命运,改变命运需要用思维架构起知识,从而支撑起有高度和强度的人生大厦。思维晋级是最好的学习和成长。"因此,周初霞老师的团队立足学科思维的课堂转型,努力指向学习方式转变,基于"情境—问题—任务—活动—评价"的学习主线,引导学生从被动学习走向主动学习。在研究方法上,他们注重实证性的课例研究,通过观课、录课、评课、磨课、改课,努力提升课堂的教学效益。在研讨与交流中,他们经历了情感的交融、思维的碰撞、观念的转变、理念的提升。

三是借助教育科研的演进机制,丰富并发展了单元整体教学的理论内涵。他们将理论紧密联系实际,在教学中研究,在研究中行动,在行动中反思,在反思中丰富理论。在研究视域上,他们既立足单元整体教学实践,又探索"单元"与"课时"的有效衔接,既具有整体视野又微观深入。他们注重局部的深度研究,通过"目标与评价""情境与问题""活动与评价"等视角,探索将生物学学科核心素养落实在课堂教学中的理论范式。经过近六年的研究与实践,他们提出"创设单元境脉,统领课时学习""应用'五构概念'教学法,确保课时聚焦单元"等衔接路径,帮助学生形成"整体感知—部分剖析—整体反思"的思维方式,改善传统课时教学中存在的学习碎片化和浅表化的现象,注重学科整体组织化、结构化知识的建构,从浅层学习走向深度学习。同时,他们的研究还破解了从概念教学到观念培育的瓶颈。在理论层面,厘清了生命观念的内涵、外延及形成的路径;在实践层面,建构了行为导向的生命观念培育模式,为教师培育生命观念提供了支架。基于此,他们总结形成了高中生物学"一脉三维五构"单元整体教学理论体系,丰富了整体教学理论内涵。

综观本丛书,理论、实践、案例相互交织,有机融合,层次分明。世界是整体的,万物在一个整体的世界中有序地生长。本丛书契合了整体发展的世界观。周初霞老师及其团队的单元整体教学研究成果,已在浙江省高中生物学教学实践中全面铺开,并向全国推广。我们期待着他们能坚守教育初心,不懈努力,取得更加丰硕的、能把发展核心素养这一蓝图变为现实的成果。

是为序。

浙江省教育厅教研室主任

教育部基础教育教学指导委员会委员　任学宝

浙江省特级教师协会副会长兼秘书长

2021年4月于杭州

前　言

新课程改革，课堂转型是关键。指向学科核心素养的课堂教学如何转型？如何使学科核心素养在课堂教学中真正落地？这是广大教师最为关心的问题，也是新课程改革最为艰巨的关键问题。

落实核心素养需要从"课时"教学转向"单元整体"教学，因为单元整体教学是以落实生物学重要概念所承载的学科核心素养为导向。单元整体教学有利于培育学生的学科核心素养，契合了学科核心素养的形成不是一蹴而就的，而是需要一个较长的过程才能形成这一特点；有助于教师突破"只见树木不见森林"的课时思维，转变教师只注重零散知识点落实的传统课堂教学理念，帮助教师从"长时段"整体筹划学科教学，注重学科整体组织化、结构化知识的建构，从而实现从"教师的教"转变成"学生的学"，从学习"知识"转向发展"素养"，从学科"教学"转向学科"教育"。

我们开展了"聚焦生物学重要概念的单元整体教学研究与实践"。在研究过程中，我们深刻体会到宏观的课程理念只有与微观的真实课堂结合起来才有丰富的生命活力，否则"课程标准""核心素养"只会是"空中楼阁"。因此，我们针对教学中的"真实问题—对策—行动—反思"开展了课例研究。我们从独立的课时备课走向集体的整体备课。整体备课从以下"四个层面"展开：一是课程（课程标准）层面，分析生物学学科观点、核心素养以及模块间的逻辑关系；二是模块层面，分析模块教学内容，列出模块体现的学科观点与大概念；三是单元层面，以重要概念为主题，设计由单元目标、真实学习情境、核心问题、评价方法等组成的单元课程；四是课时层面，思考本节课的核心问题，围绕次位概念组织教学，为单元重要概念的形成做出"贡献"。参与四个层面整体备课的教师认为收获丰厚。例如，课题组成员嘉善高级中学王红梅老师基于子课题研究，依托名师工作室，开展了区域性、主题化的整体备课，并实施了上课与磨课、反思与调整、再上课与反思等环节的课例实践。参与整体备课的一位年轻教师深有体会地说，这样的一个主题单元教学研究，比他一年的教学工作收获还大。

我们在深入研究《普通高中生物学课程标准（2017年版2020年修订）》（简称"课程标准"）和《普通高中教科书·生物学　选择性必修3　生物技术与工程》的基础上，重构了五个重要概念为本模块的单元教学主题。本书涉及的重要概念具有学科属性，它是以高中生物学作为研究范畴，以爱利克·埃里克森重要概念界定为基点，结合课程标准，指处于生物学学科中心地位，对生命基本规律、现象、理论等的理解和解释，对一般生物学事实和概念具有高度概括性，相互联结构成生物学学科骨架的概念性知识。

基于这五个重要概念的单元整体教学课例研究，我们从"单元整体""概念教学""核心素养"等视角进行了立体式的探索与实践，建构了聚焦重要概念的单元教学"操作指南"，并撰写了本书。首先，我们从整体上对单元目标、教学策略、教学评估进行设计，包括单元教学分析、单元概念解构、单元目标、单元教学思路等内容。然后，我们进行了课时教学实践，并呈现给读者"课时教学实例"。对本书中的具体栏目解读如下：

"单元教学分析"结合课程标准和教科书等教学资源，深入解读本单元概念教学内容，并厘清其在模块中以及跨模块学习中的地位。同时对学生学习本单元重要概念的"前概念"知识、认知特点和规律等因素进行了分析。

"单元概念解构"以本单元重要概念为中心，分析重要概念的上、下位概念和相关平行概念之间的关系，并建构框架图。这是学生学习本单元的"锚点"。

"单元目标"包括"学习目标"和"评价目标"。"学习目标"聚焦单元重要概念的建构，引导、帮助学生发展科学思维等学科核心素养。目标的表述包含行为主体、行为动词、行为条件、行为标准等要素。"评价目标"指向学科核心素养四个维度的不同水平，评估学生在真实任务中的不同表现。评价目标与教学目标保持一致，以落实"教—学—评"的一致。

"单元教学思路"是基于单元整体学习情境和核心任务设计的本单元课时教学"情境—任务—活动—评价"等规划。这是学生学习本单元的"学习图谱"。

"课时教学实例"主要包括课时概念解析、课堂教学实录（为帮助读者观看与研讨，随书配有视频二维码）及专业点评、教学反思与总体评析等内容。

本书最大的亮点是读者在阅读的同时能观看课堂教学实录，读者可以凭借自己的判断，取其中有理、有用之处，充分关注其中存在的问题，借此反思当下的单元整体教学实践共性的和个体的、表象的和深层的方面，最终使单元整体教学的"操作支架"得到重新整合，重构单元整体教学的意义，进而改进自己的实践，让自身受益，更让我们的学生受益。

在课例开发过程中，我们得到了多方领导、校长、专家和教师的大力支持，在此深表感谢！

诚然，聚焦重要概念的单元整体教学是一个常研常新的重要课题，我们旨在抛砖引玉，引发广大教师对这一重要课题的深入思考与探索。由于作者水平有限，书中存在不足之处在所难免，敬请读者不吝赐教。

周初霞
2022 年 5 月于杭州

目　录

单元1　发酵工程利用微生物的特定功能规模化生产对人类有用的产品… 1

　　一、单元教学分析……………………………………………………………1
　　二、单元概念解构……………………………………………………………1
　　三、单元目标…………………………………………………………………2
　　四、单元教学思路……………………………………………………………3
　　五、课时教学实例……………………………………………………………5
　　　　课时1　发酵工程为人类提供多样的生物产品……………………………5
　　　　课时2　微生物的培养需要适宜的条件……………………………………8
　　　　课时3　分离、筛选、纯化与扩大培养获得满足生产要求的菌种…………15
　　　　课时4　确定菌种数量以判断是否满足生产需求…………………………19

单元2　植物细胞工程包括植物组织培养和体细胞杂交等技术………………24

　　一、单元教学分析……………………………………………………………24
　　二、单元概念解构……………………………………………………………24
　　三、单元目标…………………………………………………………………25
　　四、单元教学思路……………………………………………………………26
　　五、课时教学实例……………………………………………………………27
　　　　课时1　通过体细胞杂交可获得新的植物体………………………………27
　　　　课时2　离体植物器官、组织和细胞在适宜条件下可发育成完整的植株……30
　　　　课时3　植物细胞的全能性使离体组织发育成完整植株成为可能…………34
　　　　课时4　植物组织培养通过多种途径有效地提高生产效率………………37

单元3　利用动物细胞工程、胚胎工程技术获得有用的生物体及产品 …… 41

一、单元教学分析 …… 41
二、单元概念解构 …… 41
三、单元目标 …… 42
四、单元教学思路 …… 43
五、课时教学实例 …… 45
　　课时1、2　细胞培养是动物细胞工程的基础 …… 45
　　课时3　通过细胞核移植克隆动物 …… 49
　　课时4　通过细胞融合可产生具有新特性的细胞 …… 55
　　课时5、6　对动物早期胚胎或配子进行处理可获得目标个体 …… 59

单元4　基因工程赋予生物新的遗传特性 …… 64

一、单元教学分析 …… 64
二、单元概念解构 …… 64
三、单元目标 …… 65
四、单元教学思路 …… 66
五、课时教学实例 …… 68
　　课时1　基因工程是在多学科的基础上发展而来的 …… 68
　　课时2　对DNA进行剪切、连接和复制是实现DNA重组技术的基础 …… 73
　　课时3、4　基因工程可使生物获得新的遗传特性（1） …… 77
　　课时5、6　基因工程可使生物获得新的遗传特性（2） …… 82
　　课时7　基因工程改善了人类的生活品质 …… 87
　　课时8　蛋白质工程是基因工程的延伸 …… 91

单元 5　生物技术可能会带来安全与伦理问题 ························· 96

一、单元教学分析 ·· 96
二、单元概念解构 ·· 96
三、单元目标 ··· 97
四、单元教学思路 ·· 98
五、课时教学实例 ·· 99
　　课时 1　转基因产品的安全性引发社会的广泛关注 ···················· 99
　　课时 2　我国禁止生殖性克隆人 ······································ 104
　　课时 3　世界范围内应全面禁止生物武器 ····························· 107

主要参考文献 ·· 111

单元 1

发酵工程利用微生物的特定功能规模化生产对人类有用的产品

专家解读

 一、单元教学分析

发酵工程起源于公元前原始的酿造技术,是通过微生物发酵为人们提供所需产品的生物技术。发酵工程涉及培养基的配制、微生物的选择与培育、无菌操作技术的实施、产品的分离和纯化等。适宜的培养基可以为微生物的生长、繁殖与细胞代谢提供所需物质与能量基础。以系统化的无菌操作技术结合分离技术获得的纯种微生物,可以确保发酵产品的纯度;以科学的方法进行菌种的培育、选择和扩增,更可以提高发酵的速度与产品的品质。

经过高中生物学必修模块以及选择性必修1、2模块的学习,学生对细胞代谢、细胞增殖、诱变育种、种群的增长方式和数量波动等知识有了一定的认识,对发酵工程的学习,则需要将所学知识综合应用于发酵工程各个环节的体验和探索活动中,还会涉及方案设计、方案实践、问题分析与验证、方案优化等探究过程,所以学生对这部分内容的学习存在困难。一方面,学生缺乏对知识关联性的认识,另一方面,学生对科学探究所涉及的问题与假设、方案设计、方案实践、结果交流等往往也存在较大的困难。因此,教师需要针对学情,根据发酵工程的具体内容,系统地设置适合学生层次的教学与活动方案,例如:可以提供相应条件引导学生体验传统发酵工艺,可以在一定情境下设计或完善特定培养基的配制方案和无菌操作方案,设计或完善筛选、培育特定菌种的方案等。学生通过体验与自主探索,深刻理解代谢、育种等理论知识,充分了解发酵工程各个环节的逻辑关系。

 二、单元概念解构

本单元聚焦大概念"发酵工程利用微生物的特定功能规模化生产对人类有用的产品",重要概念1"获得纯净的微生物培养物是发酵工程的基础"和重要概念2"发酵工程为人类提供多样的生物产品"共同支撑这一大概念的形成。以上概念是在"细胞的功能绝大多数基于化学反应,这些反应发生在细胞的特定区域""细胞会经历生长、增殖、分化、衰老和死亡等生命进程""由基因突变、染色体变异和基因重组引起的变异是可以遗传的""不同种群的生物在长期适应环境和彼此相互适应的过程中形成动态的生物群落"概念的基础上形成的。其中，重要概念 1 是在次位概念"日常生活中的某些食品是运用传统发酵技术生产的""发酵工程利用现代工程技术及微生物的特定功能，工业化生产人类所需产品"和"发酵工程在医药、食品及其他工农业生产上有重要的应用价值"的基础上形成的。重要概念 2 是在次位概念"无菌技术是在操作过程中，保持无菌物品与无菌区域不被微生物污染的技术""在发酵工程中灭菌是获得纯净的微生物培养物的前提""通过调整培养基的配方可有目的地培养某种微生物""平板划线法和稀释涂布平板法是实验室中进行微生物分离和纯化的常用方法""稀释涂布平板法和显微镜计数法是测定微生物数量的常用方法"的基础上形成的。这一单元相关概念的学习支持"细胞工程通过细胞水平上的操作，获得有用的生物体或其产品""基因工程赋予生物新的遗传特性"等大概念的学习。这些概念间的关系如图 1-1 所示。

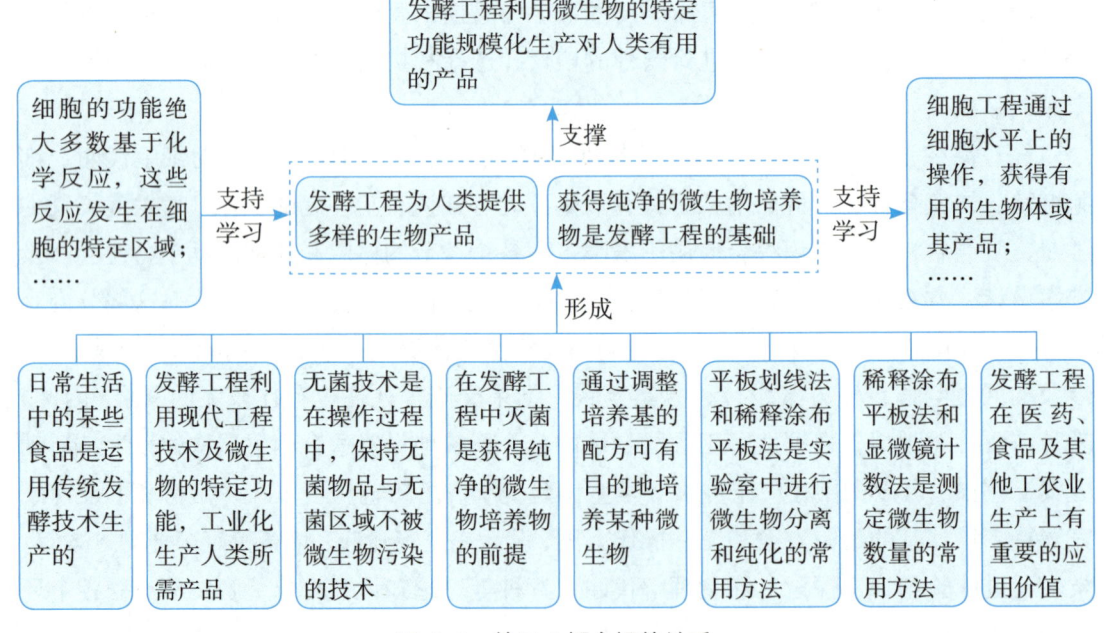

图 1-1　单元 1 概念间的关系

三、单元目标

（一）学习目标

1. 分析酵母菌生长所需的营养类型，配制所需的培养基，说明培养基可以为目标微生物提供适宜的生长环境，发展物质与能量观。对培养基配制的过程和结果进行分析、讨论，理解灭菌和无菌操作对培养目标微生物的意义。

2. 体验划线分离法和涂布分离法，理解若选择恰当的方法则可以从混合菌种中分离和纯化目标微生物。体验稀释涂布平板法和血细胞计数法，理解菌种数量与发酵时间的关联。

3. 体验运用传统发酵技术酿制葡萄酒的过程，阐明酵母菌的生命活动与发酵的关系，强化结构与功能观；对比利用传统发酵技术酿制葡萄酒与现代工程技术酿制葡萄酒的过程，理解技术、方法的选择对形成合理的工程学构想、设计科学的工程方案的重要性，认识到发酵工程可以利用微生物的特定功能规模化生产人们所需的产品。

4. 讨论与现代发酵工艺生产的葡萄酒的经济效益和食品安全等相关的社会议题，关注生活并主动参与社会问题的讨论，形成正确的价值观，提升社会责任感。

（二）评价目标

1. 能以结构与功能观、物质与能量观说明利用酵母菌发酵制备葡萄酒与酵母菌代谢、增殖等的关系。需要具备生命观念的二级水平。

2. 能通过分析培养基受到污染的照片和相关资料，运用演绎与推理、归纳与概括的方法进行归因分析。需要具备科学思维的三级水平。

3. 能根据操作方案，独立地进行划线分离、涂布分离、显微镜计数等操作。需要具备科学探究的二级水平。能根据资料，与他人合作设计并实施相关的探究方案。需要具备科学探究的三级水平。

4. 能基于生物学知识分析利用发酵工程生产的葡萄酒产品在日常生活中的应用，认同健康的生活方式，关注并参与食品安全等社会热点问题的讨论。需要具备社会责任的二级水平。

四、单元教学思路

（一）单元情境

葡萄酒的酿造历史悠久，人们可利用传统发酵技术或现代工程技术生产葡萄酒，二者在菌种选育、发酵过程、条件控制等方面既有联系又有明显的区别。在工业化生产葡萄酒的过程中，人们往往会添加 SO_2，SO_2 的添加对酵母菌的代谢、生长、繁殖等都会产生一定的影响。

（二）核心任务

以选育耐 SO_2 的酵母菌为目标，体验传统发酵过程，设计方案分离、纯化并计数耐 SO_2 的酵母菌，构建工业化生产葡萄酒的主要流程。

（三）教学流程

以支撑本单元重要概念所需的次位概念为课时学习主题，课时教学以问题、任务、活动与评价为主线展开。本单元共4个课时，教学流程如图1-2所示。

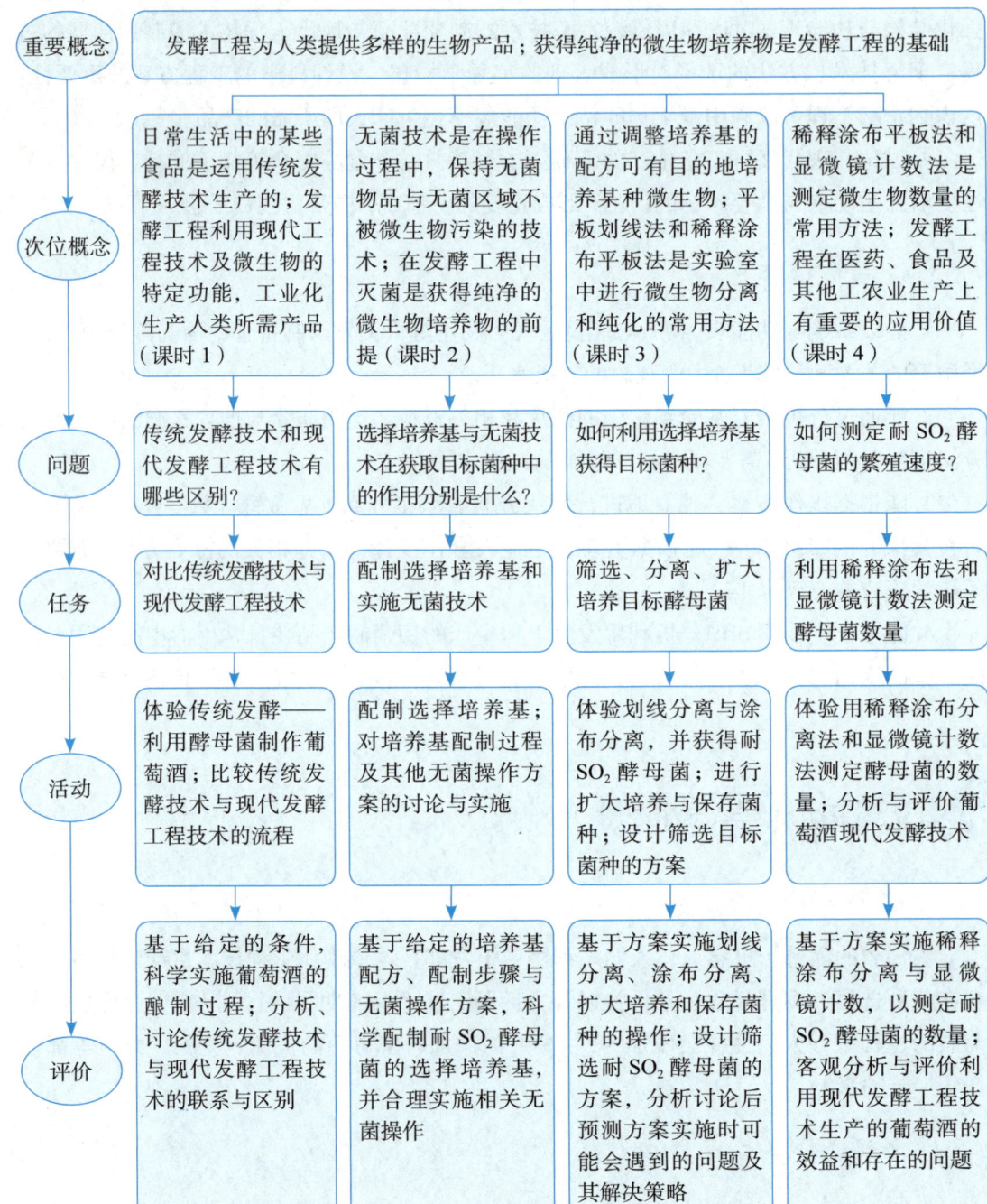

图1-2 单元1教学流程

五、课时教学实例

课时1 发酵工程为人类提供多样的生物产品

课堂实录

(一) 课时概念解析

本课时的概念为"日常生活中的某些食品是运用传统发酵技术生产的""发酵工程利用现代工程技术及微生物的特定功能,工业化生产人类所需产品",这两个概念的建构需要以下基本概念或证据的支持:

1. 日常生活中的某些食品是运用传统发酵技术生产的;
2. 发酵工程利用现代工程技术及微生物的特定功能,工业化生产人类所需产品。

(二) 课堂实录

教学环节	课堂实录	专业点评
创设单元情境,提出核心问题	**创设情境** 葡萄酒的酿造历史悠久,人们可利用传统发酵技术或现代工程技术生产葡萄酒,二者在菌种选育、发酵过程、条件控制等方面既有联系又有明显的区别。在工业化生产葡萄酒的过程中,人们往往会添加SO_2。SO_2的作用是什么?它对酵母菌有什么样的影响?…… **核心问题** 传统发酵技术和现代发酵工程技术有哪些区别?	单元情境贴近实际生活,结合了现代生产实践,极大地激发了学生的学习兴趣和学习动力。
任务1:制作葡萄酒,体验传统发酵	**引导** 发酵是指人们利用微生物,在适宜的条件下,将原料通过微生物的代谢转化为人类所需产物的过程。直接利用原材料中天然存在的微生物进行发酵、制作食品的技术称为传统发酵。除葡萄酒外,日常生活中的哪些食品、饮料或调味品是运用传统发酵技术生产的?请举例说明。 **学生活动** 举例说明传统发酵技术生产的食品、饮料等。 **教师提问** 传统发酵有什么特点? **呈现资料** 利用传统发酵酿造葡萄酒的流程。 **学生活动** 以葡萄酒的酿造为例体验传统发酵的过程,进而探讨传统发酵的特点。设计发酵装置,并展示、交流及生生评价。要求: ①分析在葡萄酒发酵过程中,酵母菌对O_2的需求的变化及其代谢类型; ②画出发酵装置示意图,并用文字加以说明; ③小组代表对装置进行展示、讲解。 **学生活动** 根据教科书中的要求,以小组为单位酿造葡萄酒。 **师生互动** 结合小组的实验成果,分析以下问题: ①瓶中葡萄的总体积为什么不能超过矿泉水瓶体积的1/2? ②怎样获得酒精浓度较高的葡萄酒?	教师按照原理、装置设计、小组操作、结果分析的顺序开展教学,能引导学生真实体验利用传统发酵技术制作葡萄酒的过程,进而归纳、总结传统发酵的特点和优缺点,理论联系实际。

续表

教学环节	课堂实录	专业点评
任务1：制作葡萄酒，体验传统发酵	③葡萄酒酿造成功的关键有哪些？酿造的葡萄酒中除了酒精还有其他物质吗？ **教师提问** ①以葡萄酒为例，传统发酵是否需要特意添加菌种？发酵过程中菌种类型单一吗？ ②观察指标是什么？能否精准调控传统发酵过程中的条件？ ③传统发酵技术有什么优缺点？为什么？ **师生总结**　优点：适用于家庭式或作坊式生产；缺点：发酵条件不容易控制，产品容易受杂菌污染，生产效率较低或规模较小，风味或品质不稳定等。	
任务2：分析葡萄酒风味不同的原因	**引导**　传统发酵通常会存在不同批次，甚至同一批次产品风味有着极大差异的现象，所以产品品质不稳定。 **教师提问**　同一批次葡萄酒风味出现差异的原因是什么？ **学生活动**　讨论上述问题，并推测说明发酵产品风味的影响因素。 **呈现资料** 资料1：葡萄酒酿造过程中微生物与风味物质的代谢关系。 资料2：两种不同风味的葡萄酒，其发酵液中酵母菌和乳酸菌的种类。 资料3：菌株是指来自同种微生物的每一个来源不同的纯培养物。从某环境中分离得到8株酿酒酵母，其代谢产物的含量存在较大差异。 资料4：乳酸菌在发酵过程中产生的乳酸与酵母菌发酵产生的酒精发生反应后会生成酯类，同时，乳酸菌在代谢过程中会产生乙醛和双乙酰，这些物质都与酒特殊的风味有关。 资料5：东方伊萨酵母、高产酯酿酒酵母分别单独发酵与混合发酵产生的部分风味物质如乙酸乙酯、乙酸异丁酯等的含量。 **师生总结**　发酵产品不同风味的主要原因：微生物的种类、代谢特点、种间关系等。	基于真实情境中的问题，教师用资料呈现风味物质的影响因素，进一步发展了学生的归纳与概括等科学思维方法，引导学生领悟了不同发酵产品、同一产品不同或同一批次风味物质出现差异的原因。
任务3：构建现代发酵工程的基本环节	**引导**　由于利用传统发酵技术酿造的葡萄酒存在品质及风味不稳定、操作粗放、规模小以及生产效率低等方面的问题，近年来人们逐渐利用现代发酵技术生产葡萄酒。 **呈现资料**　"工业化生产葡萄酒"视频。 **学生活动**　根据视频构建"工业化生产葡萄酒"的一般流程。 **教师提问** ①发酵过程中为避免葡萄汁中的杂菌污染，需要采取哪些措施？ ②为了提高葡萄酒的发酵速度，保证品质的稳定，一般需要加入特定的菌种。工业发酵中的菌种一般具有哪些特质？ ③从哪些方面控制和监测发酵进程？ ④产物如何分离？ **师生总结**　工业化生产葡萄酒的流程包括：菌种选育及扩大培养、发酵原料的处理和灭菌、发酵进程的控制、发酵产品的分离和提纯。	教师利用观看视频、问题讨论等形式引导学生运用模型与建模等方法构建现代发酵工程的基本流程，在此基础上再与传统发酵相比，得出发酵工程的特点及优缺点。

续表

教学环节	课堂实录	专业点评
任务3：构建现代发酵工程的基本环节	学生活动　修正、完善葡萄酒工业发酵的基本过程。 引导　葡萄酒工业化酿造实际上就是现代发酵工程的一个应用典例。发酵工程是采用现代工程技术手段，利用微生物的某些特定功能或直接利用微生物，为人类生产有用的产品的过程。 教师提问　与传统发酵相比，现代发酵工程有哪些特点？在哪些方面得到了发展？ 师生总结　现代发酵工程的特点是：单菌发酵、人为接种等；在以下方面得到了发展：发酵条件可控，可利用微生物的特定功能大规模生产，产品风味及品质较为稳定等。	

（三）教学反思

本课时的亮点主要体现在三个方面：一是活动形式多样。本课时学生的活动较为多样，包括发酵装置设计、实验操作、模型构建等，活动的开展有助于学生进一步发展科学思维与科学探究能力。二是教学主线清晰。以葡萄酒的酿造为情境，我以"任务—活动—评价"的方式逐步引导学生归纳、概括传统发酵与现代发酵工程的特点，进而明确现代发酵工程一般为单菌发酵，具有大规模生产、发酵条件可控等优点，这为微生物的培养、分离和纯化等内容的深入探讨做了铺垫。三是学生主体性突出。有些学生在生活中已初步接触过传统发酵与现代发酵工程，因此，为了进一步突显学生的主体性，我引导学生独立思考、分组讨论，在思考和讨论的过程中相互质疑、评价、认同，从而实现"教—学—评"的一体化，真正落实"学生为主体，教师为主导"的教学理念。

本课时存在的不足之处：一是由于葡萄酒的传统酿造需要数周时间，如果能提供不同时间段的发酵样品、发酵成功与发酵失败的样品让学生进行观察、对比，则更能增强学生的直观认识和体验，激发学生的探究兴趣和动力。二是给予学生思考的时间较少，且对于学生的发言我也没有做太多深入的解释和说明。

（四）总体评析

本课时以葡萄酒的酿造为背景，通过酿造葡萄酒体验传统发酵和观看工业化生产葡萄酒的视频构建发酵工程的一般流程，引导学生归纳、概括传统发酵与现代发酵工程的特点和优缺点。本课时的教学设计和课堂实施表现出以下特点：

1. 调整教科书顺序，优化教学组织。

本单元以葡萄酒的酿造为情境，教师将教科书第三节"发酵工程为人类提供多样的生物产品"前置于第一课时，引导学生从宏观上认识传统发酵、现代发酵工程及其特点，从而更适应学情,也为后续建构"发酵工程为人类提供多样的生物产品"概念奠定了基础。通过本课时的学习,学生明确了发酵工程一般采用单菌发酵且优质菌种的选育对生产非常重要,同时为后续课时中微生物的筛选、培养、分离和纯化等内容的学习埋下了伏笔。

2. 开展多种活动,发展核心素养。

本课时设计了三大学习任务和多样化的学生活动,学生参与活动有助于其生物学学科核心素养的进一步发展。如:任务1中葡萄酒发酵装置的设计、交流与讨论均有助于学生发展创造性思维和发散性思维等科学思维;酿造葡萄酒的活动可以让学生直观体验传统发酵,体验后学生再借助问题对传统发酵的特点进行归纳和总结,提升了归纳与概括的能力。

3. 关注学生主体,优化学习方式。

教学中教师以学生为主体,引导学生发挥主观能动性参与学习,体验知识的动态生成过程。教师没有采用平铺直叙的方式展开教学,而是以活动的方式让学生参与其中,如自主设计发酵装置、自主构建现代发酵工程的一般流程等。以活动的方式引导学生获取知识,不仅有利于学生了解知识的来龙去脉,更有助于学生在内化知识的过程中发展科学思维与科学探究能力。

4. 改进建议。

本课时教师以葡萄酒的酿造为例尝试分析传统发酵与现代发酵工程的特点,并指出了发酵工程多采用单菌或纯种发酵。然而葡萄酒的工业化生产实际上是一个混菌发酵的过程,建议教师可适当地展示其他发酵实例,以帮助学生全面认识现代发酵工程的特点,以及发酵工程中优质菌种的选育及其重要性,为后续课时的教学埋下伏笔。

(本课时由浙江省瓯海中学林建春老师设计和执教)

课时2 微生物的培养需要适宜的条件

(一) 课时概念解析

本课时的概念为"无菌技术是在操作过程中,保持无菌物品与无菌区域不被微生物污染的技术""在发酵工程中灭菌是获得纯净的微生物培养物的前提",这两个概念的建构需要以下概念或证据的支持:

1. 细胞是生物体结构与生命活动的基本单位;

2. 细胞的生存需要能量和营养物质,并通过分裂实现增殖。

(二)课堂实录

教学环节	课堂实录	专业点评
课前任务：预习灭菌技术的相关内容并展示	**教师活动** 提供有关不同灭菌技术的原理及其用途的资料，分配各小组课前学习任务。 **学生活动** 自主阅读相关资料、教科书，查阅互联网，学习并掌握不同灭菌技术的原理及其应用，并由小组代表选择其中一项技术进行介绍。	以自主学习的方式进行课前预习有助于学生内化知识，锻炼自主学习的能力。
回顾单元情境，提出核心问题	**回顾情境** 上节课我们对比了葡萄酒的传统发酵与工业发酵，其中工业生产的前提条件是筛选出高产、优质的菌种。目标酵母菌应该具有哪些优点？如何筛选目标酵母菌？如何排除杂菌的干扰？在工业化生产葡萄酒的过程中，往往会添加 SO_2，SO_2 对酵母菌会有怎样的影响？……这些都是筛选菌种时需要思考与解决的问题。 **核心问题** 选择培养基与无菌技术在获取目标菌种中的作用分别是什么？	教师基于葡萄酒酿造这个单元情境提出了本课时的核心问题。
任务1：明确课时目标，剖析课时任务	**教师提问** 工业发酵葡萄酒用的菌种需要具备哪些特点？ **呈现资料** 资料1：酵母菌是多种微生物的统称，其中酿酒酵母可用于葡萄酒发酵，不同的菌株会使发酵产品的风味不同。 资料2：工业发酵时，若出现杂菌污染，则会导致产品质量受到严重影响。 资料3：葡萄酒中的 SO_2 能防腐、抗氧化、稳定葡萄酒色泽、延长保存时间，同时还能起到杀菌、澄清、抗氧化、增酸等作用，一般是在工业生产过程中添加。 **学生活动** 分析上述资料，确定目标酵母菌所需特点。 **师生总结** 酵母菌需要具备的特点：高产、耐较高浓度的 SO_2。 **教师提问** 据此，我们可以明确本课时的课时目标是获得耐 SO_2 的酿酒酵母纯培养物。若想通过培养得到目标酵母菌，则需要逐步解决哪些问题？ **学生活动** 讨论分析得到目标酵母菌所需要解决的问题。 **师生总结** 要得到酵母菌菌种需要解决以下3个问题： ①如何满足酵母菌的基本生长需求？ ②如何对耐 SO_2 的酵母菌进行筛选？ ③如何防止杂菌污染？	教师运用头脑风暴、资料分析等方式让学生充分参与了教学活动，自主拟定了课时目标。根据课时目标剖析课时任务，可以让学生明确本课时需要解决的问题。
任务2：设计培养基配方，构建培养基配制流程图	**引导** 培养目标微生物时需要为其提供适宜的生长环境，包括生长繁殖所需的各种物质和条件。培养基就是我们为满足微生物的生长繁殖或积累代谢产物的需求而配制的混合养料。 **教师提问** 如何设计培养基以满足酵母菌的生长需求？如何满足酵母菌生长所需的其他条件？	

续表

教学环节	课堂实录	专业点评
任务2：设计培养基配方，构建培养基配制流程图	**呈现资料** 资料1：酵母菌属于化能异养型生物，其能量来源于有机物中的化学能。酵母菌的主要干物质含量见表1-1。 表1-1　酵母菌的主要干物质含量 | 化合物	含量 /%
---	---
蛋白质	40～70
糖类	25～60
脂肪	15～60
核酸	5～10
无机盐	5～10 | 资料2：与微生物细胞质渗透压相等的等渗溶液最适宜微生物生长，不过多数微生物能忍受渗透压较大幅度的变化。酵母菌生长繁殖的最适温度一般在20～30℃，pH通常在4.5～6.0。不同环境条件下，酿酒酵母的发酵产物不同，在中性和酸性发酵条件下会发酵产生乙醇和二氧化碳，在碱性条件下会发酵产生甘油。 **教师提问**　培养基的成分与什么有关？除了成分，还应该注意哪些因素？ **学生活动**　根据资料，结合教科书中相应的内容讨论上述问题，分析培养基的成分和需要控制的条件。 **师生总结**　培养基的成分与酵母菌细胞的化学组成和代谢类型有关，主要包括水、无机盐、碳源、氮源、生长因子等，还要满足酵母菌的能量需求以及适宜的pH和渗透压等理化特性。 **呈现资料** 资料1：培养基按照物理特征、化学成分、功能用途可以划分成多种类型，不同类型的培养基有不同的用途。 资料2：液体、平板、斜面培养基的照片。 资料3：马铃薯蔗糖液体培养基的配方为马铃薯浸汁、蔗糖、水。 **教师提问** ①马铃薯蔗糖液体培养基中的物质分别有什么用途？ ②当前的培养基配方能否实现选育目标酵母菌的目的？ ③如何通过调整培养基配方实现选育的目的？ ④调整配方后的培养基属于哪种类型？ **呈现资料** 资料1：偏重亚硫酸钾为白色结晶，易溶于水，水溶液呈酸性，150℃时分解。偏重亚硫酸钾理论上含二氧化硫57.6%（实际按50%计算），目前国内的葡萄酒厂普遍使用。世界各国法律都规定了葡萄酒中二氧化硫的允许添加量，我国规定成品酒中总二氧化硫允许	本任务可以锻炼学生的资料分析能力，引导学生认同培养基的成分与细胞的化学组成及其代谢类型相关，明确培养基的理化特性会影响酵母菌的生长繁殖，发展了物质与能量观。

教学环节	课堂实录	专业点评
任务2：设计培养基配方，构建培养基配制流程图	含量为 250 mg/L。 资料2：培养基的分类（表1-2）。 表1-2　培养基的分类 | 划分依据	培养基的类型	特点
化学成分	合成培养基	由化学成分完全清楚的物质配成。一般用于实验室进行可重复性强的研究工作
	天然培养基	由成分还不十分清楚或成分不恒定的天然有机物制成。如豆芽汁、椰子汁、牛奶，一般用于大型生物发酵工业
	两者结合：在天然培养基中加入已知成分的无机盐类或在合成培养基中添加马铃薯等天然成分	
物理特征	液体培养基	未加任何凝固剂、呈液态的培养基。常用于大规模快速繁殖某种微生物
	平板固体培养基	在液体培养基中加入凝固剂，再倒入培养皿中冷凝后制成。常用于微生物的分离、鉴定、活菌计数
	斜面固体培养基	在液体培养基中加入凝固剂，再倒入试管中，冷凝后制成。常用于菌种保存
功能划分	基础培养基	基础培养基含有细菌生长繁殖所需的基本营养物质，可供大多数细菌生长
	选择培养基	在培养基中添加（或除去）某种化学成分，使得只有某些特定的微生物能够生长，其他微生物不能生长
	鉴别培养基	在培养基中加入某种试剂或化学药品，使培养基在培养后会发生某种变化，从而区别不同类型的微生物 | 学生活动　讨论上述问题，结合资料和教科书完善培养基配方以实现选育的目的。 师生总结　马铃薯蔗糖选择培养基配方（固体）：马铃薯浸汁、蔗糖、水、偏重亚硫酸钾、琼脂。 教师提问　培养基中的琼脂是否可以作为碳源或氮源？如何控制培养基的pH适宜？如何配制相应的液体、固体培养基？ 呈现资料　"配制马铃薯蔗糖选择培养基"视频。 学生活动　根据视频，构建培养基配制的一般流程。 师生总结　培养基配制的一般流程为：计算→称量→溶解→定容→（调 pH）→分装（液体、斜面）→倒平板。	教师通过实验视频引导学生运用模型与建模的方法构建培养基配制的一般流程，为下一个环节做了铺垫。

续表

教学环节	课堂实录	专业点评
任务3：评析灭菌方法，设计无菌方案	引导　通过刚才的方法配制的培养基往往无法直接用于目标酵母菌的选育，因为空气、水、培养容器甚至是培养基中都会含有各种微生物，无法保证得到的培养物就是所需的微生物。这时候我们往往需要借助无菌技术以保持无菌物品和无菌区域不会被其他微生物污染。 教师提问　常用的灭菌方法有哪些？这些灭菌方法的原理是什么？有哪些使用要点？可以杀死哪些环境中的微生物？分别有什么优缺点？ 学生活动　各小组依次介绍高压蒸汽灭菌、火焰灼烧灭菌、紫外灯灭菌、75%酒精消毒，其余小组认真听取并提问。 教师活动　引导学生分享和提问，及时补充相关内容，如：为什么需要排尽灭菌锅内的冷空气？高压蒸汽灭菌的温度和时间是恒定不变的吗？灭菌时间从什么时候开始计算？不耐热的物质如何进行灭菌？消毒和灭菌有什么区别？ 师生总结　常用的灭菌方法有高压蒸汽灭菌、干热空气灭菌、火焰灼烧灭菌、紫外灯灭菌、过滤除菌，各自有不同的用途。 引导　除了这些灭菌方法，为避免实验操作导致杂菌污染，我们还需要借助一些无菌操作技术。例如：在分装液体培养基与斜面培养基时使用玻璃漏斗可以避免培养基沾在瓶口和试管口，从而防止微生物污染瓶口；倒平板时只将平板打开一个小口可以减少培养基被微生物污染的可能。 教师提问　在配制培养基的过程中，哪些灭菌方法可以派上用场？哪些操作有助于避免微生物的污染？ 呈现资料　"配制培养基"视频。 学生活动　结合视频进行分析，设计一套无菌方案以最大限度地避免微生物污染。根据视频，记录在培养基配制过程中用到的灭菌方法以及无菌操作，组间相互评价、补充，共同完善无菌方案。	由各个小组交流各种灭菌方法，充分体现了学生的主体地位。该任务也有助于发展学生的语言表达能力、信息提取和概括能力以及团队协作能力。
任务4：实验操作与反思	教师提问　设计的无菌方案是否科学合理？按照当前的方案能否成功配制合格的培养基？这些都需要依靠实验进行验证，请同学们按照自己设计的方案制备平板。 学生活动　以小组为单位倒平板。要求： ①用签字笔在培养皿底部做好标记（培养基名称、日期）； ②由组内两个人操作，另外两个人依据评分表（表1-3）进行评价； ③实验结束后各小组展开讨论和反思，并由组长汇报本组成员的操作情况。 教师活动　针对学生的操作进行总结和点评：若无菌操作不彻底则很容易导致培养基被微生物污染。展示被污染的培养基照片并进行适当的说明。	实践出真知。教师承接任务3的无菌方案设计活动，组织学生开展实验，可以锻炼学生的动手操作能力和实验分析能力。同时采用组内互评、自我反思、教师点评等方式进一步强化了学生的无菌操作意识。

续表

教学环节	课堂实录	专业点评
任务4：实验操作与反思	表1-3　倒平板过程的组内互评表 | 无菌操作技术	操作人姓名及完成情况			| |---|---|---|---|---| | 超净工作台的窗口较小 | | | | | | 用酒精棉球擦拭桌面 | | | | | | 用酒精棉球擦拭双手 | | | | | | 在酒精灯火焰附近操作 | | | | | | 封口时培养皿拿在手上 | | | | | | 三角瓶瓶口过火焰 | | | | | | 培养皿只打开一个小口 | | | | | | 培养皿封口后倒置存放 | | | | | | …… | | | | | 师生总结　若要判断配制培养基时的无菌操作是否合格，则可以将未接种的培养基放置于适宜的条件下培养一段时间，观察其是否长出菌落。	
任务5：总结分析，拓展延伸	教师提问　微生物培养与无菌操作技术不仅在配制培养基过程中需要用到，在后续的分离、纯化目标酵母菌以及葡萄酒工业发酵生产中也极其重要。请同学们独立思考并回答以下问题： ①假如含250 mg/L SO_2的培养基中无法直接筛选出目标酵母菌，该怎么办？ ②如何调整培养基成分以筛选出具有其他特性的酵母菌，如耐酒精能力强的酵母菌、能够高效利用葡萄汁的酵母菌？ ③灭菌合格的培养基如何搭配使用才能提高筛选得到耐SO_2酵母菌的成功率？ ④出于对操作者以及环境安全的考虑，在全部培养工作结束后，所有使用过的器皿以及实验废弃物应该如何处理？ ⑤在后续的实验环节中如何进行灭菌？ 师生总结　微生物培养与无菌技术不仅在选育目标酵母菌的过程中很重要，在后续葡萄酒工业生产中也极其重要。在生产发酵时还需要考虑发酵原料的配比和组成，在发酵前需要对培养体系进行灭菌，在发酵过程中需要保持微生物菌种培养不受杂菌污染。在后续的学习中要注意这些重点。	问题的解决有助于学生内化无菌概念。

(三)教学反思

本课时的亮点主要体现在两个方面：一是充分体现学生的主体地位，发展学生的科学探究能力。在单元情境的大前提下，学生通过头脑风暴，结合资料明确了本课时目标和本课时任务，模拟了科研过程中发现和提出问题的过程，并以问题串的形式罗列了完成课时任务需要攻克的几个关卡。在环环相扣的任务中，学生积极思考，逐步剖析并解决了问题，借助资料分析、方案设计、方案完善、实验检验、反思与改进等环节充分体验了科学探究的过程，发展了科学思维，体会了攻克科研课题的乐趣，激发了学生对生物学研究的浓厚兴趣。二是课堂活动丰富多样，充分调动了学生的学习积极性。课前自习、头脑风暴、资料分析、视频学习、方案设计、方案展示、动手实验、组内互评等活动驱动了学习进程，在丰富课堂教学形式的同时也充分调动了学生的参与度。

本课时存在的不足之处：虽然本课时的教学目标已基本达成，但是由于活动太多且学习容量太大，本课时的时长过长，这对学习效果有一定的影响。在小组合作探究的过程中，学生对实验的积极性很强，但是在讨论和反思的过程中，部分学生的参与度不高。在展示与分享环节，部分小组准备得不够充分，其余小组对展示组内容的提问也不够到位，没有碰撞出思维的火花。

(四)总体评析

本课时是本单元整体教学的第二课时，学生从葡萄酒工业发酵技术着手，以筛选耐 SO_2 的优良菌种为目标，通过分析材料、自主学习等方法完善了培养基制备流程，归纳了灭菌方法，设计了无菌操作方案，并制备了筛选目标酵母菌所需的培养基。本课时的教学设计和课堂实施表现出以下特点：

1. 以问题为导向驱动学习，充分发展提出和解决问题的能力。

针对单元情境，学生在教师的引导下，通过自主学习和小组合作探究确定了本课时的目标为筛选耐 SO_2 酿酒酵母菌株，并将本目标分解为多个小问题，随后通过层层递进的任务逐步解决这些问题。问题导向式的教学有助于培养学生对本单元发酵工程的全局观念，提高学生的实验设计及实施能力；源于生活的问题也有助于培养学生的社会责任感，引导学生养成积极思考的习惯。

2. 利用翻转课堂，充分体现学生的主体地位。

课前准备环节中，学生以小组为单位对灭菌方法及其原理和应用等知识进行了预习和梳理，并准备了展示材料，这充分锻炼了自主学习能力和合作探究能力。小组代表展现学习成果的活动锻炼了语言表达能力，也让教师更直观地了解到学生对该内容的掌握情况，并及时依据学情进行了补充。学生在启发式问题的引导下进行提问、讨论，激发了主动学习的积极性，也突破了本课时的重难点。

3. 借助互联网技术，拓展教学空间和时间。

现代发酵工程的产品与学生的生活息息相关，但学生对现代发酵工程的具体流程所知甚少。在课前预习环节，学生利用丰富的网络资源进行自主预习，在一定程度上促进了教学空间的开放性与教学时间的灵活性。教师借助视频、多媒体投影仪等手段多样化地开展了教学，例如培养基配制的视频既可以让学生获得沉浸式的体验，又可以节约宝贵的课堂学习时间。

4. 改进建议。

本课时任务多、容量大，理论教学与实验教学的时间都比较长。建议教师在实际教学中可以灵活安排教学任务，合理分配教学时间，也可以将本课时拆分为两个课时。第一课时为理论学习，侧重培养基配方与无菌方案的设计与完善；第二课时为基于第一课时方案进行实验验证，并充分展开反思和讨论。课时数的增加，一方面可以使学生活动开展得更为充分，另一方面，可以使反思与评价环节开展得更为彻底。及时进行反思能切实强化学生的实验操作技能，还能有效提高该模块理论知识的学习效果；若有充分的时间进行思考，则可以更好地帮助学生内化知识，有效发展生物学学科核心素养。

（本课时由浙江省瓯海中学陈昌业老师设计和执教）

课时3　分离、筛选、纯化与扩大培养获得满足生产要求的菌种

（一）课时概念解析

本课时的概念为"通过调整培养基的配方可有目的地培养某种微生物""平板划线法和稀释涂布平板法是实验室中进行微生物分离和纯化的常用方法"，这两个概念的建构需要以下基本概念或证据的支持：

1. 平板划线法和稀释涂布平板法可以分离和纯化微生物；
2. 利用液体培养基振荡培养是微生物扩大培养的常用方法；
3. 运用划线法接种至斜面培养基是保存菌种的常用方法；
4. 通过调整培养基的配方可有目的地培养某种微生物。

（二）课堂实录

教学环节	课堂实录	专业点评
回顾单元情境，提出核心问题	**课时任务** 回顾单元情境，提出本课时主要任务：模拟工业酿酒中优良菌种的选育工作，即"筛选耐 SO_2 能力强的酵母菌纯种"。以课时2中配制的含偏重亚硫酸钾的选择培养基（包括固体平板、斜面培养基和液体培养基）为材料，进一步对目标菌种进行分离、筛选、纯化和扩大培养等操作，为工业酿酒做好前期准备工作。 **核心问题** 如何利用选择培养基获得目标酵母菌？	聚焦单元情境，解决核心问题，有助于学生形成比较完善的知识体系和逻辑体系，也有助于学生发展科学思维和科学探究能力。
任务1：体验涂布分离和划线分离	**教师提问** 如何从酵母菌悬液中分离目标菌种？ **呈现资料** 资料1：接种的概念和类型。 资料2：划线分离和涂布分离的结果图（图1-3）。 资料3：平板划线分离法和稀释涂布平板法的稀释、分离原理及其操作要点。 图1-3 划线分离和涂布分离的结果图 **学生活动** 理解并分析以上资料，以小组为单位分别进行划线分离和涂布分离。 要求： ①思考下列问题：划线分离时采用的划线方式是什么？一共划了几次？接种环灼烧几次？每次灼烧的目的是什么？涂布分离时，为什么各个浓度均要涂布？ ②归纳涂布分离和划线分离的区别（表1-4）。 表1-4 涂布分离和划线分离的区别 | 方法	菌种来源	分离效果	功能	操作复杂程度
---	---	---	---	---
涂布分离				
划线分离				| **教师总结** 完善涂布分离和划线分离的操作细节与原理，并总结两者的区别。	划线分离和涂布分离的结果图等可以让学生对相关概念有更加感性的认知和理解，有助于其形成概念体系。动手操作一方面可以加强学生对两个分离方法操作细节的把握，另一方面也提升了学生的动手操作能力，发展了科学探究核心素养。

续表

教学环节	课堂实录	专业点评
任务2：分析实验结果，制订问题解决方案	**学生活动** 小组分析预实验中不同浓度涂布分离的实验结果，以及菌落的生长特征、原因，并完善方案。 小组代表展示讨论结果，其他小组进行点评、补充。 **教师活动** 评价学生的回答，引出可以根据单菌落的形态特征进行菌种鉴定的概念。进一步提问：仅从菌落特征是否能确认分离出了酵母菌？如何进一步鉴定？并展示酵母菌和白念珠菌的菌落特征。 **学生活动** 分析后得出：菌落特征不是菌种鉴定的唯一指标，可以用镜检和生化特性检测的方法进行菌种的鉴定。 小组代表提出：培养基中出现形态相同、大小不同的单菌落的原因可能是菌种耐SO_2的能力不同，因此我们要从菌落直径较大的单菌落中挑选，选出耐SO_2能力比较强的菌种；也可能是多个菌重叠生长，长成一个较大菌落，后续应对菌落进行纯化即多次分离，得到目标纯种。 **教师活动** 评价并总结学生的回答，指出菌种纯化的概念、原因以及操作方法。提问：在分离出目标菌种后，若要将目标菌种应用于工业生产，则要对菌种做哪些处理？为了下一次实验时取用菌种方便，需要对菌种做哪些处理？ **师生总结** 试管斜面培养基可进行菌种的短暂保存，接种了菌种的液体培养基置于摇床中振荡可对菌种进行扩大培养。	本环节可以有效地提升学生发现问题、分析原因、解决问题的能力，并且菌种鉴定、菌种纯化概念的提出也为后续实验流程图的设计做好了铺垫。
任务3：设计筛选目标菌种的方案	**学生活动** 回顾微生物筛选与培养的相关技术手段和实验目的，基于部分实验方案（图1-4），完善筛选目标菌种的方案。 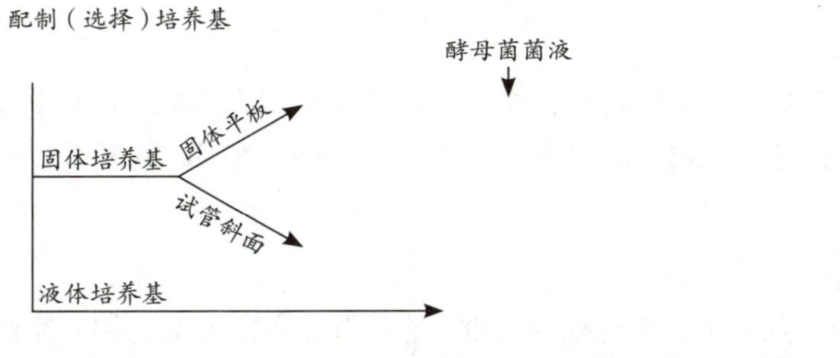 配制（选择）培养基 ├─ 固体培养基 ─┬─ 固体平板 │ └─ 试管斜面 └─ 液体培养基 酵母菌菌液 ↓ 大量耐SO_2的酵母菌纯种 → 工业化酿酒 图1-4 筛选目标菌种的方案（部分） **师生评价** 教师展示不同小组的方案并评价，各小组讨论方案的可行性。 **教师活动** 以问题串的形式引导学生完善方案： ①针对酵母菌液，可采用什么分离方法？ ②如何判断筛选出的是目标菌种？ ③得到目标纯种之后还需要进行哪些操作？ **学生活动** 分析讨论以上问题，完善方案。	设计实验方案有利于加深学生对知识的理解和对知识的综合应用，可以发展学生的科学思维。

（三）教学反思

本课时的亮点主要体现在两个方面：一是以真实情境为驱动，引导学生运用生物学知识和技术，通过小组合作开展科学探究活动，充分发挥实验教学在发展学生核心素养方面的作用。以单元情境引出本课时的任务——耐SO_2优良菌种的选育，其中包含菌种的分离、纯化、鉴定、扩大培养及菌种保存。在这个过程中，我注重由实践到理论，例如：由生活中变质的牛奶、发霉的面包等现象得出自然接种的概念；由预实验中的菌落培养结果引出单菌落的概念和分离的两种方法；设计了划线分离和涂布分离两个实验活动，让学生更加感性地认识分离操作的原理和要点。对于微生物培养相关技术的学习，我通过给出部分流程图，由学生自己完善方案，实现了本课时知识点的综合应用。二是注重合作探究、分析和评价能力的培养。通过对菌种培养结果图的分析交流发展了学生发现问题、分析问题、解决问题的能力和坚持不懈地进行探究的素养。

本课时存在的不足之处：学生活动较多，内容比较丰富，包括实验操作、小组讨论、生生互评、模型构建、总结分析等环节，耗时较长。另外，容量比较大，且对于高二学生来说难度较大。由于时间的限制，学生未能深入探讨，例如，在实验操作评价上，有很多细节学生没有发现，需要老师指出。在引导方面，我更多的是给出提示，但这也使得学生的思考空间受到了限制，后续可以尝试利用小资料引导学生自己得出结论。在教学评价方面，生生互评效果一般，更多的还是教师评价、教师讲解，因此，我可以在后续教学中尝试设置一些引导生生互评的问题等。

（四）总体评析

本课时依托单元情境，学生通过实验操作、归纳分离方法的特点、基于预实验结果图的演绎推理，最终设计了获得目标菌种的完整实验方案。本课时的教学设计和课堂实施表现以下特点：

1. 关注实验与理论的有机结合。

实践环节是帮助学生达成教学目标的关键。自己设计实验方案并进行实验，能让学生将生物学理论与生物技术进行有机结合，也有助于学生逐步发展科学思维。实践出真知，实验操作与理论学习同时进行，学生从划线分离和涂布分离的实验操作中发现问题，进而分析和解决问题，这都有助于学生巩固所学知识，摈弃错误的方法和认知，激发继续学习的浓厚兴趣。

2. 重视课程的整体性与连贯性。

教师紧扣单元情境，以工业酿酒中常加入SO_2为背景，引出本课时主题"获得耐SO_2的酵母菌"。整节课围绕该主题展开，设计了层层递进的问题串，并将实验目的拆分为不同的环节，教师带领学生设计方案，解决问题，最终以完善后的实验方案作为本课时的总结，思路清晰、流畅，让学生学有所获。

3. 聚焦概念，发展创造性思维。

本课时紧扣课程标准，围绕课时概念展开教学。教师采用呈现资料、举例讲授、实验演示、动手操作、归纳概括、合作讨论等多种方式加强学生对微生物培养相关技术的理解和应用，也让学生更好地体会了两种分离方式的联系和区别。另外，教师也尝试让学生参与科学探究的全部过程：提出实验目的、完善实验方案、操作实验过程、分析实验结果、生生互评、分析实验结果、完善实验方案，这些环节的开展都有助于发展学生的批判性思维和创造性思维，让学生逐步掌握了科学探究的基本思路和方法，提高了实践能力，同时在探究中乐于并善于团队合作，勇于创新。

4. 改进建议。

本课时有3个难度较大且耗时长的学生活动，这些活动对于高二学生来说会有一定的困难，建议教师充分关注活动前的说明，明确任务，也可以让学生进行预习。在评价方面，教师虽有意识地引导生生互评，但是在策略上只是口头询问，效果不够理想。建议创建一个主体多元、方法多样的评价体系，提供多个评价维度且指标量化，真正做到以评促学。在最后的实验方案完善环节，教师仅仅请了一位学生展示实验方案并对其进行了评价，建议教师可以尝试邀请不同的学生分享实验方案，相互讨论实验方案的可行性，或者让学生先进行实验操作，再基于实验结果比较不同方案的优缺点，从而让学生在实践中进行反思和改进。

（本课时由浙江省瓯海中学林春晓老师设计和执教）

课时4　确定菌种数量以判断是否满足生产需求

课堂实录

（一）课时概念解析

本课时的概念为"稀释涂布平板法和显微镜计数法是测定微生物数量的常用方法""发酵工程在医药、食品及其他工农业生产上有重要的应用价值"，这两个概念的建构需要以下基本概念或证据的支持：

1. 可用稀释涂布平板法进行微生物的分离；
2. 单菌落是由一个细胞分裂形成的、肉眼可见的、有一定形态构造的子细胞集团。

（二）课堂实录

教学环节	课堂实录	专业点评
创设课时情境，提出核心问题	**创设情境** 通过配制选择培养基及对目标菌种进行筛选、分离、扩大培养和计数，我们已经获得了耐 SO_2 的酵母菌纯种。在用于工业化生产之前，我们还需要知道这种酵母菌的繁殖速度。但是酵母菌个体微小，很难直接观察到它们的数目变化，同时，平板上的菌落即使是分开的，也较难数清其数量。 **核心问题** 如何测定耐 SO_2 酵母菌的繁殖速度？	根据单元情境下的子情境引出酵母菌的计数方法，并围绕情境提出了本课时核心问题。
任务1：实验方案可行性分析	**引入** 课前各组同学已经完成实验方案的设计，在设计实验方案时要预测实验中可能会遇到的问题。哪些问题还没有解决办法，如怎样确定稀释倍数？ **学生回答** 对于未知浓度的酵母菌悬液，应当设置多个浓度梯度进行稀释。此外可以查阅相关资料，以确定酵母菌悬液的大致稀释范围。 **教师提问** 利用血细胞计数板计数的具体使用方法及其计数规则分别是什么？ **师生活动** 教师展示血细胞计数板，播放利用血细胞计数板计数的相关视频。师生互动，学生逐渐认识并掌握血细胞计数板的规格、类型和使用方法等。	利用课前任务延伸课堂，有助于后续实验的顺利开展。同时，实验方案的设计和问题的思考与解决均发展了学生的创造性思维、批判性思维等科学思维。
任务2：实践实验方案	**学生活动** 进行涂布平板计数和显微镜计数两个实验活动。以小组为单位先开展其中一个实验活动，完成后再交换场地进行另一个实验活动。 两组同学进行涂布平板计数，每人至少涂布一个平板，实验过程全程录像。组长分配具体任务并落实实验操作流程： ①对菌液进行梯度稀释； ②涂布分离； ③计数并计算酵母菌悬液中的酵母菌密度； ④计算微生物的繁殖速度。 另外两组同学使用血细胞计数板进行显微镜计数，1位同学先完成稀释，然后小组内轮流实验，实验过程全程录像。组长分配具体任务并落实实验操作流程： ①使用显微镜对酵母菌进行计数； ②计算酵母菌悬液中的酵母菌密度； ③计算微生物的繁殖速度。 在完成一个实验活动后，各小组同学交换场地，进行另一个实验活动。	教师以录像的形式记录学生的实验操作过程，为下一个环节的实验复盘提供了原始、真实的素材。

续表

教学环节	课堂实录	专业点评
任务3：复盘实验的过程	**学生活动** ①小组观看视频，讨论分析实验过程中的失误点，并记录具体的时间节点； ②每个小组派代表上台分享、交流本组同学实验过程中的亮点或失误点； ③汇总显微镜计数实验结果，若各组实验结果存在差异，则分析出现差异的原因。 **教师提问** ①菌落数很多和菌落数很少的平板是否适合计数？请说明理由。 ②在实际操作中，每一个稀释梯度涂布一个平板进行计数合适吗？如果不合适，应如何改进？如何处理实验数据？ ③使用显微镜计数，是否也会遇到菌落数太多或太少的问题？是否同样需要平行重复测定？ **学生活动** 讨论以上3个问题并回答： ①菌落太多，无法准确数出菌落数；若稀释度过大，虽然容易准确计数，但可能存在较大的随机误差。 ②需要多组实验并计数，再取平均值，这样得到的数值可能更接近真实情况。 ③显微镜计数同样需要进行适当稀释，同样需要平行重复测定后再求平均值。 **教师提问** 同一实验材料，两种计数方式所得的结果是否相同？如果不同，请分析原因。 **学生活动** 小组代表展示本组实验结果，分析可能导致实验数据偏离真实数据的原因，并比较两组的实验结果。若结果不同，则分析不同的原因。 **课堂延伸** 那么，使用显微镜计数是否可以实现只统计活的酵母菌呢？请同学们课后查阅资料并设计实验方案。	观看实验操作视频进行复盘，并对实验过程中的亮点和失误点进行讨论、交流，能极大地调动学生的主动性和积极性。在观看视频的过程中，学生通过不断发现问题、解决问题，更好地领悟了科学探究的一般过程和方法，进一步发展了提出问题、分析问题和解决问题等科学探究能力。
任务4：构建知识网络，总结单元内容	**学生活动** 各个小组基于本单元所学知识及教科书内容，共同构建耐SO_2酵母菌工业发酵的基本流程图，并总结微生物工业发酵的基本过程。 **教师活动** 为学生准备有关发酵工程在医药、食品及其他工农业生产应用方面的文字资料和视频。 **学生活动** 以小组为单位查阅教师所提供的资料和教科书，派代表对"发酵工程的应用"提出自己的想法。	开展发酵工程在生活生产中的应用的讨论，可以让学生形成通过科学实践解决生活中有关问题的意识，甚至能尝试解决生活中的一些生物学问题，进一步提升社会责任感。

（三）教学反思

本课时的亮点主要体现在两个方面：一是注重基于问题解决的主动学习。在这堂实验课中，学生作为学习的主体，在问题的引领下，亲历了从实验方案设计到实验结果讨论的全部环节，全程参与了交流、讨论，在这个过程中，学生的科学思维和科学探究能力得到了进一步的发展。二是创新的实验教学方式。在一堂实验课中教师不可能全程关注到所有学生的操作过程，而学生也很难在操作过程中发现自身存在的问题。因此，我采取了录像、小组观看视频并进行实验过程复盘的方式，引导学生正确认识自己的实验操作，并进行客观地分析、评价、反思及修正，最后在同学互评、讨论中总结失误，完善实验操作过程。

本课时存在的不足之处：虽然在课前准备和方案讨论两个环节中解决了不少理论问题，但是学生在具体实践操作过程中依然遇到了不少问题，如果有些问题不及时解决，那么将会影响实验进程。因此，实践操作过程还是需要教师的介入，并未做到整个实验操作的全程开放。

（四）总体评析

本课时基于单元情境，依据学情将教科书内容整合成一个有机整体，从而更有利于学生认知体系的建构。本课时的教学设计和课堂实施表现出以下特点：

1. 课时情境与单元情境紧密联系，实现对概念的系统理解。

课时情境能有效促进学生建立次位概念之间的联结，为核心问题的解决、重要概念的建构提供支撑，能有效帮助学生在情境与知识之间形成知识链与记忆结。本课时情境是对单元情境的回归与总结，有着非常清晰的逻辑关系，课时情境与单元情境的逻辑性越严密，意味着"生物学事实→次位概念→重要概念→大概念"的逻辑性也更加严谨，可以帮助学生系统构建概念间的关系。

2. 合理运用实验活动，促进概念教学。

准确认识本课时概念的最直接方法就是设计、实践与反思实验活动。在本课时中，学生通过实验活动，对常用微生物计数方法进行了实践，思考计数原理，论证实验条件，分析和比较计数结果出现差异的原因等，既内化了本课时的次位概念，又对概念进行了拓展。

3. 以实验复盘的形式，充分调动学生的积极性。

在"互联网＋教育"的当下，将视频应用于教学已经十分常见，但是通过学生自身的实验视频进行复盘、分析并不多见。本课时中学生对活动进行了现场拍摄，再利用实验视频对具体操作过程进行了复盘。学生自身的实验视频极大地调动了学生的主动性和积极性。在观看视频的过程中，学生不断发现问题、解决问题，并对实验过程中的亮点和失误点进行了讨论、交流，从而实现了对实验过程的深入理解，自主完成了概念的内化。

4. 改进建议。

本课时充分利用了学生实验视频进行教学，但从学生的操作过程不难发现，学生的实验技能略有欠缺，且教师需要将拍摄的视频加工处理后再进行复盘，这些都导致了课堂时间有较大的不确定性，所以这种教学模式的推广存在一定的障碍，建议教师多尝试、多改进。同时，本课时还是本单元的收尾课时，对"发酵工程的应用"这一内容的教学略显单薄，建议教师适当补充。

（本课时由浙江省瓯海中学梅捷凯老师设计和执教）

单元 2

植物细胞工程包括植物组织培养和体细胞杂交等技术

一、单元教学分析

植物细胞工程是指按照一定的设计方案，借助工程学的方法或技术，以植物组织、细胞和细胞器为对象进行操作，在细胞水平上改造生物遗传特性，以获得特定的细胞产物、细胞、组织、器官或新植物体的技术。植物细胞工程的原理是植物细胞具有全套遗传信息，因此，每个细胞都具有全能性，可应用于植物生产的多个领域，如快速繁殖植物、植物脱毒、生产人工种子、细胞代谢产物的工厂化生产以及作物新品种的培育等。

通过对必修 1 模块"细胞的结构"的学习，学生已了解了细胞在结构和功能上是一个统一整体，细胞内的各个结构既相互独立又相互联系；通过对必修 1 模块"细胞的生命历程"的学习，学生已理解了细胞全能性的概念，知道胡萝卜韧皮部细胞在一定条件下可以发育为胡萝卜植株，但是并不清楚植物器官、组织、细胞培养成完整植株的原理是什么，需要什么条件，如何操作，在生产中有什么应用。因此，教师要在课堂上引导学生设计实验、动手操作，从实验中发现问题、找出原因，从而改进实验并将实验原理应用于生产实践之中。

二、单元概念解构

本单元聚焦课程标准中的重要概念"植物细胞工程包括组织培养和体细胞杂交等技术"，该重要概念是在"细胞各部分结构既分工又合作，共同执行细胞的各项生命活动"概念的基础上形成的；支持"动物细胞工程包括细胞培养、核移植、细胞融合和干细胞的应用等技术"概念的学习，共同支撑大概念"细胞工程通过细胞水平上的操作，获得有用的生物体或其产品"的学习。本单元对应"植物体细胞杂交是将不同植物体细胞在一定条件下融合成杂合细胞，继而培育成新植物体的技术""植物组织培养是在一定条件下，将离体植物器官、组织和细胞在适宜的培养条件下诱导形成愈伤组织，并重新分化，最终形成完整植株的过程""植物细胞工程利用快速繁殖、脱毒、次生代谢产物生产、育种等方式有效提高了生产效率"3 个次位概念。这些概念之间的关系如图 2-1 所示。

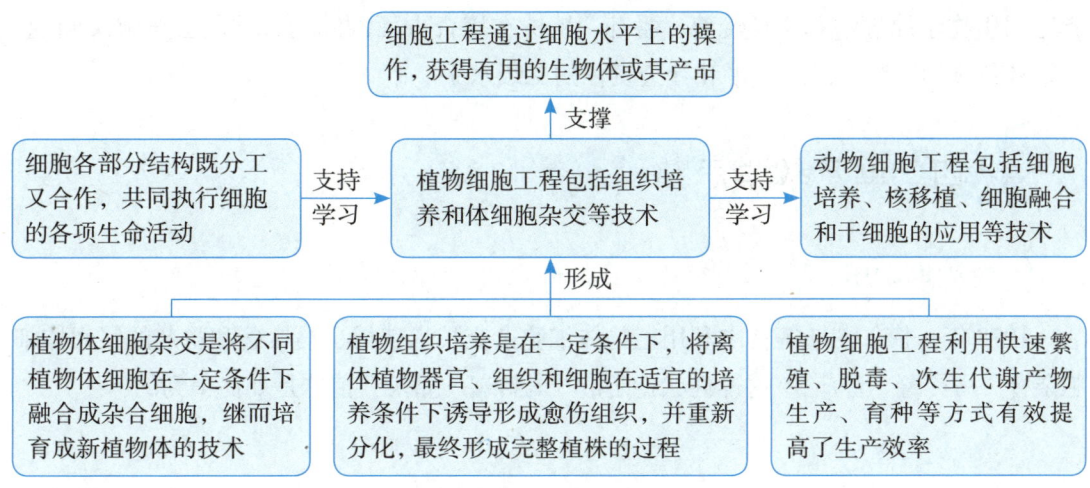

图 2-1 单元 2 概念间的关系

三、单元目标

（一）学习目标

1. 通过对植物组织培养和植物体细胞杂交具体案例的分析，阐明植物细胞工程的基本原理，发展结构与功能观、物质与能量观、稳态与平衡观。

2. 运用项目化学习理念，通过设计植物体细胞杂交和植物组织培养的实验方案并实施方案，尝试提出初步的工程学设想并尝试创造产品，发展科学探究能力。

3. 基于证据应用植物细胞工程的基本概念和原理，构建植株发生途径的模型，并运用科学思维方法展开论证，解释或解决与植物细胞工程有关的问题。

4. 通过举例说明生产生活中与植物细胞工程有关的话题，表明观点并展开讨论。

（二）评价目标

1. 在对"马铃薯-番茄"具体案例的分析活动中，能用文字或图示的方式解释相应的案例。需要具备生命观念的二级水平和科学思维的二级水平。

2. 在设计"马铃薯-番茄"植株培育方案并进行植物组织培养活动时，能进行方案设计、实验操作、评价和反思、合作交流等。需要具备科学探究的三级水平。

3. 在论证植物细胞工程相关问题时，能提出主张、找到证据，并能应用科学原理进行推理。在植株发生途径的建模过程中，能建立器官发生途径和体细胞胚发生途径模型，并能进行小组评价。需要具备科学思维的三级水平。

4. 能收集关于利用植物组织培养技术提高生产效率的实例及其应用领域，并汇报。

能运用生物学原理解释"马铃薯-番茄"植株在培育方面的问题,并能尝试解决问题。需要具备科学思维的四级水平和社会责任的二级水平。

四、单元教学思路

(一)单元情境

1978年,梅尔彻斯等首次利用植物体细胞杂交技术获得了马铃薯和番茄的属间体细胞杂种"马铃薯-番茄"。这样性状稳定的"马铃薯-番茄"植株是如何得到的?

(二)核心任务

设计、完善并实施"马铃薯-番茄"植株的培育方案。

(三)教学流程

以支撑本单元重要概念所需的次位概念为课时学习主题,课时教学以问题、任务、活动与评价为主线展开。本单元共4个课时,教学流程如图2-2所示。

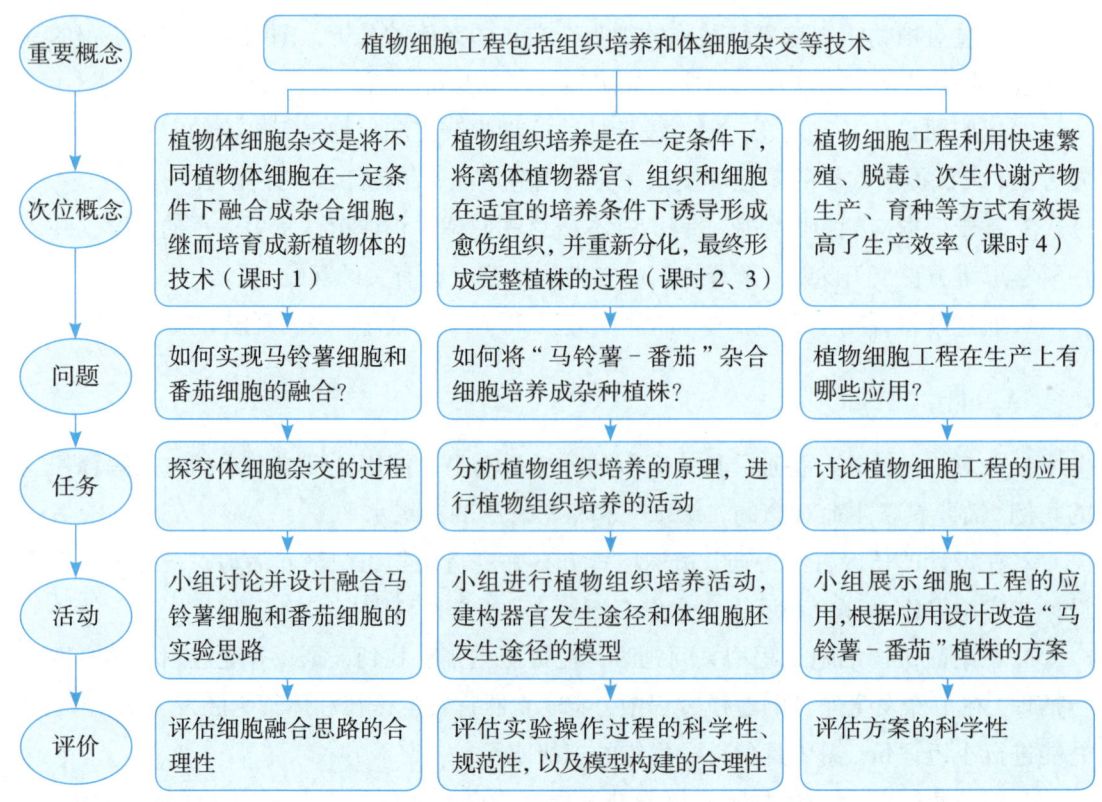

图2-2 单元2教学流程

五、课时教学实例

▶ 课时 1　通过体细胞杂交可获得新的植物体 ◀

（一）课时概念解析

本课时的概念为"植物体细胞杂交是将不同植物体细胞在一定条件下融合成杂合细胞，继而培育成新植物体的技术"，该概念的建构需要以下概念或证据的支持：

1. 体细胞杂交可以将不同细胞间的遗传物种融合；
2. 体细胞的有效融合需要获得有活性的原生质体。

（二）课堂实录

教学环节	课堂实录	专业点评
创设单元情境，提出核心问题	创设情境　英国汤普森＆摩根公司历时15年研制出了一种非常神奇的植物，名为"马铃薯－番茄"，一株植株可产500多颗小番茄和大量马铃薯，小番茄甜而香，马铃薯白又鲜。如何培育"马铃薯－番茄"植株？ 核心问题　如何实现马铃薯细胞和番茄细胞的融合？	单元情境可充分调动学生的学习积极性，激发学生的探究欲望。
任务1：讨论培育"马铃薯－番茄"的方法	教师提问　培育"马铃薯－番茄"植株的方法可能有哪些？ 学生活动　展开小组讨论，设想培育"马铃薯－番茄"植株的方案，分析其可行性，记录并整理。方案如下： 方案①：嫁接；方案②：个体杂交；方案③：基因工程；方案④：核移植；方案⑤：体细胞杂交。	方案设计及可行性分析可以发展学生的演绎推理和科学论证能力。
任务2：深入讨论方案①与方案②	引导　通过方案①可以培育得到"马铃薯－番茄"植株，但是无法获得稳定遗传的"马铃薯－番茄"植株，请运用假说－演绎法进行说明。 学生活动　讨论后回答问题：如果用嫁接方法获得的"马铃薯－番茄"植株可以稳定遗传，那么取亲本产生的种子或者地下的块茎，经过种植后子代应该也是"马铃薯－番茄"植株，但是培育结果最可能是只结番茄或者只长马铃薯。 教师评价　嫁接方法仅能使当代形成"马铃薯－番茄"植株，如果要得到稳定遗传的"马铃薯－番茄"植株，那么可能需要尝试其他的方法。 学生活动　讨论利用方案②培育"马铃薯－番茄"植株的实验设计流程。其中一个小组在黑板上展示他们的实验设计。	分析运用嫁接法培育稳定遗传的"马铃薯－番茄"植株的可行性，可以发展学生的批判性思维，提升学生的演绎与推理能力。

续表

教学环节	课堂实录	专业点评
任务2：深入讨论方案①与方案②	**教师评价** 相比嫁接，个体杂交这个方法理论上能获得性状稳定的"马铃薯－番茄"植株。 **教师总结** 同学们通过对方案①和方案②的深度讨论，已经考虑到如果要获得性状能够遗传的"马铃薯－番茄"植株就需要促使两个物种的遗传物质融合这一关键点。但是方案②的可行性几乎为零，因为它们之间存在生殖隔离，所以我们需要继续探寻更加合适的方案。	在小组自评与互评中继续思维碰撞，促成了深度学习，同时可以更有效地发展学生的合作与论证能力。
任务3：构建利用体细胞杂交技术获得杂交细胞的流程	**呈现资料** 1978年，梅尔彻斯等利用番茄和马铃薯的体细胞进行细胞融合，最终获得了一个杂交种"马铃薯－番茄"植株。其外形更像番茄植株，花和叶子具有杂种的共同特征，并结有畸形小果实，但是其根部没有形成块茎。这在当时引起了轰动。 **教师提问** 这样性状稳定的"马铃薯－番茄"植株是如何得到的？ **学生活动** 小组讨论并设计马铃薯细胞与番茄细胞融合的实验方案，讨论实验过程中的重难点和注意事项，绘制实验方案的流程图，小组代表再进行展示和说明。其他小组对其进行评价，最终制订的方案如图2-3所示。 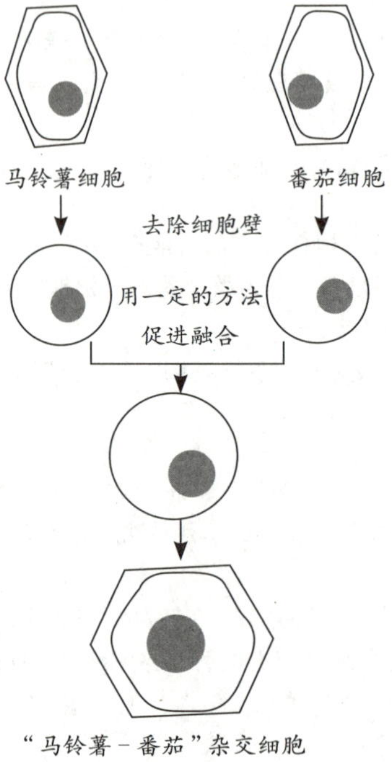 图2-3 马铃薯细胞与番茄细胞融合的实验流程 **教师小结** 用一定技术获得的具有活性的原生质体，并在适宜条件下利用细胞膜的流动性融合原生质体，使细胞质间发生交流，进而使细胞核发生融合，最终获得杂种细胞。	呈现的资料进一步激发了学生的学习热情，学生主动参与方案设计、讨论和评价，发展了模型与建模的能力。

续表

教学环节	课堂实录	专业点评
拓展思考	**学生活动** 学生代表总结、整理种间细胞融合的流程：去除细胞壁获得原生质体→原生质体融合→长出新细胞壁，得到杂合细胞。 **教师提问** 如何将马铃薯和番茄的融合细胞培育成植株？	流程的总结可以培养学生的归纳概括能力，新问题的提出则再一次激发了学生的探究热情。

（三）教学反思

本课时的亮点主要体现在两个方面：一是利用"马铃薯-番茄"植株这一真实的情境，创造认知冲突。学生设计方案并论证其可行性，在解决问题的同时建构了"体细胞杂交可以将不同细胞间的遗传物种融合"的概念，这正如建构主义学习观所提倡的"学习的发生在于解决认知冲突，只有在真实的情境中才能使学习更有效"。二是有效组织学生小组合作学习。为了解决"如何培育'马铃薯-番茄'植株"这一真实问题，学生小组合作讨论，在提出各自观点的同时，质疑同伴的论点和依据，从而制订了更高质量的实验方案。在展示各小组方案时，学生继续在不同的方案之间进行辩论。另一方面，在提出实验方案、提供论据、评价方案、修改方案的过程中，学生也发展了科学思维。

本课时存在的不足之处：学生小组合作讨论并提出了多种培育方案，这些方案在理论上都可行，例如基因工程、核移植技术，但我没有让学生逐一展开讨论，这在一定程度上影响了部分学生的学习积极性。此外，对设计方案的可行性评价大多是关于科学技术的使用，缺少对科学技术具体原理的解释和讨论，这不利于学生对科学技术的深入理解和灵活应用。

（四）总体评析

在本单元活动的整体设计中，培育"马铃薯-番茄"植株的单元情境具有引领作用。本课时在单元情境下创建子情境，既关联了嫁接、杂交等已经学过的内容，又引出了后续即将学习的内容。本课时的教学设计和课堂实施表现出以下特点：

1. 围绕培育方案，促进深度学习。

深度学习是发展学生生物学学科核心素养的一条重要途径。为促进深度学习，本课时围绕单元情境，以小组讨论的方式对培育方案展开头脑风暴。学生在讨论交流中产生了相似或不同的想法，找到了旧知识与新情境间的关联，从而将零散的知识构建成了一个整体，同时探究热情得到了激发，促进了主动学习。培育方案的讨论体现了教师对深度学习的重视以及对思维系统性的关注。教师引导学生在创造性解决问题的过程中将"多而浅"的知识结构化，加强了学生对知识的理解，发展了学生的整合、调动和迁移能力。

2. 巧设任务，主动建构概念。

课堂任务不只是活动，更是促进学生学习的重要支架。本课时教师从简单询问有哪些培育方案到深入剖析方案背后的原理，引导学生对各种方案进行了由浅至深的讨论，最后自然地引出了"体细胞杂交可以将不同细胞间的遗传物质融合"这一概念。建构主义理论认为学生的学习兴趣与学习效果密切相关，本课时教师围绕培育方案设计了难度递升的任务，调动了学生的学习兴趣，引导学生主动参与课堂活动，提升了教学效果。

3. 利用核心问题，驱动单元教学。

教师基于单元情境，设计了本单元关键问题"如何培育'马铃薯-番茄'植株"，该问题拆分为"如何获得'马铃薯-番茄'细胞"→"如何将'番茄-马铃薯'细胞培育成植株"→"如何改造'番茄-马铃薯'植株"，从而让学生基于问题展开了深入学习。这一设计体现了项目化学习的理念，将过去相对独立的课时教学转变为单元整体教学，为重要概念的落实提供了重要支撑，同时，学生的科学探究素养也得以有效提升。

4. 改进建议。

本课时教师重视学生的合作学习，通过小组讨论促进学生间的交流，提高了学生的课堂参与度，但对于学生的讨论结果，教师没有进行充分的评价，教师可以考虑通过加强生生互评、小组互评来弥补现阶段课堂教学评价的不足。本课时设计了开放性问题，但因课堂时间的限制，教师按照预先设计的框架开展教学，对3种育种方案进行了重点分析，对学生提出的其他育种想法没有充分展开，课堂教学停留在对教学设计的演绎，学生的思维依然受限。建构主义理论强调学生的主体地位，学生是课堂的"主角"，因此，教师要舍得把课堂交给学生，要发挥好主导作用，利用课堂生成性内容，促进学生间的多向交互，激发学生潜能，提高课堂效率。

（本课时由浙江工业大学附属德清高级中学曹燕来老师设计和执教）

课时2　离体植物器官、组织和细胞在适宜条件下可发育成完整的植株

（一）课时概念解析

本课时的概念为"植物组织培养是在一定条件下，将离体植物器官、组织和细胞在适宜的培养条件下形成完整植株的过程"，该概念的建构需要以下基本概念或证据的支持：

1. 植物细胞的全能性使离体组织发育成完整植株成为可能；

2. 离体植物器官、组织和细胞需要在适宜条件下才可发育成完整的植株。

（二）课堂实录

教学环节	课堂实录	专业点评
关联单元情境，提出核心问题	创设情境　通过前一课时的设计，我们仅仅得到了"马铃薯－番茄"杂交细胞，因杂交细胞并不具备一定的社会经济价值，所以我们需要培养出完整的植株。 核心问题　如何将"马铃薯－番茄"杂交细胞培养成植株？	衔接课时 1，利用该情境为学生设立了新的学习目标，激发了学生的求知欲望。
任务 1：展示并讨论培养基的制作过程	学生活动　小组成员展示植物组织培养实验中培养基的制作过程。其他学生听了以后对该过程提出自己的疑问，这些问题由展示小组进行解答。 学生提出的疑问： ①培养基中 NAA 和 6-BA 分别是什么？为什么需要分别用碱性溶液和酸性溶液溶解？ ②什么是 MS 干粉，它含有哪些成分？ ③为什么需要在培养基中添加一定比例的植物激素？	由学生介绍培养基的配制过程，调动了学生的积极性。生生之间的相互交流、提问、答疑是学生主体性的体现。
任务 2：进行植物组织接种	明确任务　植物组织培养技术分为接种、培养、移栽 3 个阶段，本课时我们要以菊花组织为材料完成植物组织培养的接种环节，学习植物组织培养技术。 教师活动　展示菊花组织培养的实验结果，明确本次实验操作的具体目标。展示并介绍植物组织培养接种室的布局，组织学生小组合作并明确组内成员的具体分工，同时为学生提供《植物组织培养实验过程指导》资料，帮助学生顺利且高效地完成植物组织接种这一实验。 学生活动　小组合作，在植物组织培养接种室的超净工作台上完成植物组织的接种。完成实验后思考并讨论以下问题： ①为了给植物组织培养创造无菌条件，我们进行了哪些操作？ ②你所用的培养基是 MS 培养基吗？ ③接种的菊花组织接下来会发生怎样的变化？ ④如何繁殖更多的无菌苗？ 教师活动　根据学生回答情况进行总结。	在课堂中完成菊花组织的接种实验是本课时的一大亮点。在实验过程中，学生能亲身体会到无菌操作等过程，逐渐认同"植物组织培养需要无菌环境及特定的培养基等适宜条件"这一概念。
评价与拓展	学生活动　每个小组展示各自菊花茎段的接种成果，小组间相互交流、评价。 教师活动　解释说明本次实验两种培养基中的植物激素成分差异。提问： ①请预测自己所做实验的实验结果，并解释说明。如果选择了生根培养基，实验现象会是怎样的？ ②菊花茎段如果反向插入培养基，则实验结果会如何？以生根培养基为例进行说明。 学生活动　小组讨论并回答以上问题。	组织学生对实验结果进行互评，有助于学生发现自己在实验操作中的优点、问题并做出改进。学生对教师提出的问题进行原因分析，弥补了学生实验中未出现的操作问题。

续表

教学环节	课堂实录	专业点评
任务3：讨论实验过程中的无菌操作	**教师提问** 经过一段时间的培养后，培养基出现了细菌或霉菌污染，请分析原因。细菌或霉菌污染对植物组织会有何影响？请解释说明。 进一步思考： ①从培养箱中取出的培养基会被杂菌污染吗，为什么？ ②接种前的哪些操作可以确保培养基不会被杂菌污染？ ③接种过程中的哪些操作可以确保培养基不会被杂菌污染？ **学生活动** 讨论并整理实验过程中的无菌操作。小组展示讨论结果，并完成评价。	通过合作梳理实验中的无菌操作，思考关于实验操作的问题，学生认同了植物组织培养需要无菌环境。
拓展思考	**课后思考** ①接种的菊花茎段后续可能会发生哪些变化？经过充足时间的培养是否就能得到完整的植株？ ②利用植物组织培养技术，我们可以通过哪些途径将菊花茎段培养成完整的植株？	课后留疑，可以引导学生在明白了旧问题的基础上思考更深层次的问题，从而提高解决问题的能力。

（三）教学反思

　　本课时的亮点主要体现在两个方面：一是理论与实践相结合，实验与概念教学相衔接。我通过承接课时1的实验设计，引出了植物组织培养技术，并组织学生在植物组织培养接种室中完成该技术的应用。在接种菊花茎段的实验中，学生运用生物学知识进行巩固与思考相结合的活动，例如选择合适的培养基、切取带芽的茎段、无菌操作、解释并分析实验结果，既完成了实验技能的训练，又建构了植物克隆的概念。这些科学探究过程为学生提供了学习所需的直接反馈和亲身体验，有助于学生形成对概念新的、持久的理解，较好地发展了学生的生物学学科核心素养。二是学习任务的前置与延伸。课前各实验小组的组长完成了培养基的配制，在课堂上向同学介绍了配制过程；并且在课前完成了对接种实验的学习，能指导组内同学顺利完成实验。全体学生在课后继续对实验结果进行观察、记录和分析。其中，讲解培养基的配制过程、指导同学进行实验都是合作学习的体现，有效地促进了学生的互动，让学生在交流、质疑、辩论的过程中，逐渐达成科学共识，也较好地发展了科学思维。

　　本课时存在的不足之处：单元情境中的对象是"马铃薯－番茄"植物，但是本课时是以菊花为材料进行实验，所以仅仅在科学技术上有所衔接。学生在上一课时的设想未能在本课时付诸实践，这在一定程度上影响了学生的积极性。此外，活动后的评价深度不够，仅仅是对知识进行了梳理，学生对自己实践过程与结果缺乏评价和反思。课堂的主要学习内容是培养基的配置和植物组织接种，相对于植物克隆来讲，过程并不完整，缺少了培养、炼苗的过程。

（四）总体评析

本课时基于单元情境展开，通过分析植物组织培养这一技术的原理，建构"植物细胞的全能性使离体组织发育成完整植株成为可能"概念；通过学习培养基、无菌操作、分析培养环境，建构了"离体细胞需要在适宜条件下才可发育成完整的植株"概念。本课时的教学设计和课堂实施表现出以下特点：

1. 实验活动与概念建构紧密整合。

本课时教师不仅仅展示了植物组织培养的结果，更是带着学生进入植物组织培养接种室完成了菊花组织的接种实验。学生通过动手与动脑相结合的学习活动，主动获取知识理解了概念，并深入学习了植物组织培养这一技术；在实验的过程中构建了"植物细胞在无菌环境、适当比例的营养物质和植物激素等条件下可发育成完整植株"概念。在开展概念教学时，如果缺失了对事实的观察、体验的过程、理性的分析，只有教科书上的定义和强加给学生的注意事项，那就是不讲理的教学，就与培养科学理性背道而驰。

2. 做好课堂延伸，促进高效课堂。

本课时注重学习内容与实践相结合，实验活动的亲身体验对于学生的学习尤为重要，但若要在课堂中同时完成实验与理论教学则时间会较为紧张。本课时教师统筹规划了课前、课中、课后的实验安排，例如，课前指导学习小组完成培养基的配制、预先培训组长作为实验小助手在课堂中辅导学生实验、准备实验操作指导说明等。这样的策略，让学生拥有了适度的自主权，增强了学生在课堂上的积极体验，真正做到了课堂以学生为中心。

3. 改进建议。

实验不仅仅是动手操作，学生在实验之前需要先学习实验的具体操作，以保证在实验顺利进行的同时，在实践中印证生物学知识。本课时教师对实验的预先指导还不够充分，学生虽然按照《植物组织培养实验过程指导》进行了操作，但缺少对"为什么要这样操作"等问题的思考。教师可以尝试让学生设计实验，说出实验的原理，并让学生实施实验过程。这种策略有助于学生概括出生物学原理、理解相关概念。本课时教师随机抽取学生的实验成果进行展示和分析，这不利于学生发现问题以及展开交流和讨论，应当给予充分的时间，让学生以小组为单位相互展示接种结果，进而展开小组间的合作学习。

（本课时由浙江工业大学附属德清高级中学泮琦斌老师设计和执教）

课时 3　植物细胞的全能性使离体组织发育成完整植株成为可能

（一）课时概念解析

本课时的概念为"离体植物器官、组织和细胞在适宜的培养条件下形成愈伤组织，并重新分化，最终形成完整植株"，该概念的建构需要以下基本概念或证据的支持：

1. 离体培养条件下，细胞的脱分化和再分化实现了植物细胞全能性的表达；
2. 愈伤组织一般通过器官发生途径或胚胎发生途径再分化形成完整植株。

（二）课堂实录

教学环节	课堂实录	专业点评
关联单元情境，提出核心问题	创设情境　通过植物组织培养的活动，我们期待着一个个茎段能长成一株株菊花幼苗。 核心问题　离体的植物器官、组织和细胞可以通过哪些途径培养成完整植物？	承接单元情境，教师引导学生思考本课时的核心问题。
任务1：探讨植物组织培养的科学原理	教师活动　展示学生在学习课时2后的主要问题： 甲同学：接种的菊花茎段接下来会长成什么样？ 乙同学：为什么取下的菊花茎段上要留1个芽？ 丙同学：如果用菊花的叶片作为外植体，是否能培养出一株完整植株？ 学生活动　探讨甲同学的疑问，预测外植体的生长情况，并说出做出此预测的证据及相关推理过程。	由学生提出问题可以激发学生的学习兴趣。通过探讨甲同学的疑问，学生认同了"离体的植物组织可以在一定的条件下培育成完整的植株"，发展了质疑和论证的能力。
任务2：构建植物分生组织发生途径的模型	学生活动　探讨乙同学的疑问，即探讨菊花茎段上要留1个芽的原因，构建植物分生组织发生途径的模型。学生各自构建后再组内讨论，达成统一意见后利用白板展示小组讨论结果。 学生评价　小组内交流及小组间互评，并在评价的基础上及时修正植物分生组织发生途径的模型。 教师总结　如果植物茎段上有分生组织，则可以不经过愈伤组织阶段，直接诱导分化出芽和根等植物器官，继而长成完整的植株。这是植物分生组织发生途径。	植物分生组织发生途径模型的构建，可以发展学生的生物建模及论证能力，也让学生经历了"思考—尝试—评价—修正"的学习过程。
任务3：构建植物器官发生途径的模型	学生活动　探讨丙同学的疑问，分析叶片和芽的区别，补充完成后组内讨论，达成统一意见后再利用白板展示小组讨论结果。 学生评价　开展小组内交流及小组间互评，在评价的基础上及时对植物器官发生途径的模型进行修正。	植物器官发生途径模型的构建，可以发展学生的生物建模、质疑及论证能力。

续表

教学环节	课堂实录	专业点评
任务3：构建植物器官发生途径的模型	**教师总结** 如果外植体上没有分生组织，则首先需要诱导外植体脱分化形成愈伤组织，再诱导其分化出芽和根等植物器官，继而长成完整的植株。这就是植物器官发生途径。	
任务4：构建植物胚胎发生途径的模型	**教师提问** 愈伤组织的每一个细胞都具有全能性，都能像受精卵一样发育成胚（即"体细胞胚"）。获得愈伤组织后，我们如何得到更多的幼苗？ **学生活动** 思考并完善植物发生途径的模型，补充完成后再进行组内讨论，达成统一意见后再利用白板展示小组讨论结果。 **学生评价** 开展小组内交流及小组间互评，在评价的基础上及时对植物胚胎发生途径的模型进行修正；并对整个植物发生途径模型进行完善、评价及总结。 **教师总结** ①高度分化的植物细胞，其全能性的表达是通过细胞的脱分化和再分化实现的。 ②植物细胞脱分化后可以得到愈伤组织，这类细胞在一定条件下可重新分化为各种类型的细胞。 ③组织再分化形成完整植株一般有器官发生途径和胚胎发生途径两个途径。	植物胚胎发生途径模型的构建，可以发展学生的生物建模、论证及总结归纳能力。学生在解决问题的过程中，思维得到了拓展，并且获得了失败或成功的体验。
拓展思考	**拓展问题** 虽然"马铃薯－番茄"植株并不像科学家预料的那样地上结番茄，地下结马铃薯，但是仍具有划时代的意义，它为植物体细胞杂交在生活生产实践中的应用拉开了帷幕。科学家通过植物体细胞杂交培育出来的"马铃薯－番茄"植株并不"成功"，请从原理和技术的角度分析其原因。	课后留疑，可以激发学生的探究欲望，为下一节课的教学做好铺垫。

（三）教学反思

本课时的亮点主要体现在两个方面：一是以学生在课时2遇到的3个问题出发，展开本课时的教学。在课堂中，我引领着学生一步一步解决问题，将3个问题都解决了以后，再提出了新的问题，激发学生深入探讨研究，这真正体现了"教师的教是为了学生的学"的教学理念。二是通过小组合作，逐步构建植株发生途径的模型。每解决一个问题，我就引导学生小组构建一种植株发生途径的模型，再经过生生互评和师生评价，对模型进行修改和完善，从而发展学生的模型与建模思想。同时，我特别关注学生在提出观点时能否出示相应的证据以及进行合理的推理，希望借此提高学生的科学论证能力，发展学生的科学思维和科学探究素养。本课时把问题的解决与模型的构建进行了有机整合，既提升了课堂的有效性，又发展了学生的科学思维等核心素养。

本课时存在的不足之处：在模型构建的过程中，并没有充分暴露所有小组的问题；在生生评价环节，学生交流得还不够充分，展示的模型中存在的个别问题也没有得到有效的解决。

（四）总体评析

本课时着力解决学生提出的 3 个问题，重点解决"离体的植物器官、组织和细胞可以通过哪些途径培养成完整植株"这一核心问题，指向课时概念，引领学生构建植株发生途径的模型。整节课充分体现了"以学生为中心"的教学理念，发展了学生的生物学学科核心素养。本课时的教学设计和课堂实施表现出以下特点：

1. 基于真实问题的学习，培养学生解决问题的能力。

现代学习理论认为，知识的生成是一种从无到有的过程，是一种自主建构和自然生长的过程。在本课时的教学中，教师课前收集了学生发现的问题，以 3 个典型问题导入课堂，整节课始终围绕这 3 个问题，学生通过小组合作，共同解决了这 3 个问题。解决问题后，教师又提出了具有挑战性的新问题，让学生课后思考、解决，并关联下一课时的内容。可以说，整节课充满了学生的质疑，学生在教师引领、同学合作中释疑解惑，课堂节奏张弛有度，氛围活跃。这就是典型的问题式学习。

2. 基于建模活动的学习，发展学生的科学思维与科学探究素养。

模型是人们为了某种特定目的而对认识对象所做的一种简化性的描述。模型的构建是一个思维与行为相统一的过程。学生通过解决"接种的菊花茎段接下来会长成什么样""为什么取下的菊花茎段上要留 1 个芽"这两个问题，构建植物发生途径中的分生组织发生途径；通过解决"如果用菊花的叶片作为外植体，能否培养成一株完整的植株"这一问题，由小组合作构建植物发生途径中的器官发生途径和体细胞胚发生途径。在构建中合作、在合作中反思、在反思中质疑、在质疑中评价、在评价中完善，这样的学习方式，充分激活了学生的思维，提高了教学的有效性。

3. 基于小组合作的学习，注重发展学生的生物学学科核心素养。

小组合作学习最怕的是为了小组合作而进行小组合作，是假合作学习而非真合作学习。本课时非常难能可贵的是，无论是解决学生提出的问题还是构建植物发生途径的模型，都是通过小组合作完成的，组内活动真实有效，成员之间碰撞出了思维的火花。小组合作学习有利于培养学生的社会适应性，有利于培养学生的自主性和独立性，有利于发展学生的模型与建模思想。同时，教师特别关注学生的科学论证思维，即"提出主张—支撑主张的理由—支撑理由的证据"，以此发展学生的思辨能力。

4. 改进建议。

在小组合作学习中，对小组团体、组内成员的评价没有量化，建议教师在课前准备好小组团体建模能力和组内成员分工合作能力的评价量表，教师可在课堂观察后进行评价，以激发学生的学习热情，促进学生的深度学习。

（本课时由浙江工业大学附属德清高级中学周忠芬老师设计和执教）

课时 4　植物组织培养通过多种途径有效地提高生产效率

课堂实录

（一）课时概念解析

本课时的概念为"植物细胞工程利用快速繁殖、脱毒、次生代谢产物生产、育种等方式有效提高了生产效率"，该概念的建构需要以下基本概念或证据的支持：

1. "马铃薯－番茄"植株培育现状受多种因素影响；
2. 植物细胞工程在许多应用领域能有效提高生产效率；
3. 植物细胞工程可以用于改造"马铃薯－番茄"植株。

（二）课堂实录

教学环节	课堂实录	专业点评
关联单元情境，提出核心问题	创设情境　"马铃薯－番茄"植株的培育，从理论上分析是可以成功的，但是实际上并没有达到人们预想的要求。为什么"马铃薯－番茄"植株的培育没有达到预想的目的？ 核心问题　植物细胞工程在生产上有哪些应用？	承接单元情境，紧密结合课时3预留的问题。
任务1：分析"马铃薯－番茄"植株未达到预期目标的原因	教师提问　融合得到的"马铃薯－番茄"细胞是否含两种植物的遗传物质？如何检验？ 学生分析　遗传物质的主要载体是染色体，两种植物细胞在融合或杂种细胞在培养的过程中，染色体是否存在丢失、断裂、结构异常等情况可以通过制作染色体组型图加以分析。 教师提问　如果含两种植物的遗传物质，却没有表现出相应性状，那可能是什么原因？ 学生活动　各抒己见： ①一种植物的基因抑制了另一种植物的基因表达。 ②两种植物有自己独立的基因表达体系，且两者不兼容。 ③番茄基因的表达产物抑制了马铃薯基因的转录或者翻译。 ④杂种植株的根部没有形成块茎可能是因为淀粉的形成或转化途径受到了阻碍或抑制等。	任务1加强了学科内、模块内、章节间的联系，培养了学生的综合分析问题能力，发展了学生的发散性思维。

续表

教学环节	课堂实录	专业点评
任务2：研究有效提高生产效率的途径	**教师提问** 植物组织培养技术在生产上有哪些应用？ **学生活动** 根据前3个课时中所学习的植物细胞工程相关原理和技术，说明该技术在哪些领域可以多途径、有效地提高生产效率。小组代表举例介绍植物组织培养技术的应用领域，如快速繁殖、植物脱毒等。 **教师评价** 植物组织培养与常规育种、转基因技术等相结合，应用于植物生产的多个领域，能有效地提高生产效率，并取得可观的经济效益。	小组讨论和汇报可以帮助学生进一步认识科学与技术的相互关系，强化对课时概念的理解。
任务3：利用所学知识改造"马铃薯－番茄"植株	**教师提问** 植物组织培养技术能从多个途径有效地提高生产效率，那么如何提高"马铃薯－番茄"植株的生产效率？我们如何利用所学的原理和技术改造"马铃薯－番茄"植株？ **学生活动** 以小组为单位设计方案，积极讨论后借助白板呈现初步方案，小组代表上台展示和阐述，并解答其他小组对本方案的疑问。 根据展示情况完善方案，完成自评和互评。最后讨论各个方案的可行性并对方案进行进一步的修正。 学生方案中涉及的技术：转基因技术、配子融合、基因编辑、部分基因定位后敲除、重组细胞核移植等。 **教师活动** 及时关注学生的表现，倾听不同小组的情况，给予适当的提醒或指导。	学生在合作的基础上自主探索，并积极运用生物学知识和方法解决真实情境中的问题，做到学以致用。
总结提升	**师生活动** 教师引导学生回顾本单元的内容，从科学知识到原理技术再到生产实践，使学生体会到利用所学知识解决问题的成就感。	本环节对整个单元的内容进行了总结和提升，学生从中也认识到知识是从实践中来又需应用到实践中去的，提升了社会责任感。

（三）教学反思

本课时的亮点主要体现在两个方面：一是单元情境与课时情境融合度较高。本课时的教学始终围绕着单元情境展开，课堂教学承接课时3中的问题"为什么'马铃薯－番茄'植株的培育没有达到预想的目的"，引导学生利用所学知识从原理和技术等方面加以分析，发展学生的综合分析能力；接着举例说明通过植物组织培养的多种途径能有效地提高生产效率，引导学生认同植物组织培养技术在不同领域的重要性，强化科学与技术、社会的紧密联系；最后回归"马铃薯－番茄"植株，小组讨论后初步形成实验方案，再通过组内互评、组间互评完善方案。本课时首尾呼应，整体性较强，能较好地体现单元整体设计的思想。二是从课内延伸到课外，关注生物学技术在生产中的应用。我通过任务前置让学生在课外收集关于利用植物组织培养技术提高生产效率的实例及其应用领域，鼓励学生查阅资料并汇报介绍，极大地调动了学生的积极性和参与度。通过本课时的学习，学生能运用生物学原理解释"马铃薯－番茄"植株培育方面的问题，并能对相关现象做出科学推理，提出合理解释，尝试解决生产中的具体问题。对学生而言，这是提升能力的有效途径，同时也提升了学生的社会责任感。

本课时存在的不足之处：本课时预设的目标大部分完成，学生的主体地位得到了一定的凸显。但是课堂没有完全放开，有些环节深度不够，如改造"马铃薯－番茄"植株的方案设计活动不够充分、深入。这个活动旨在让学生积极运用生物学知识和方法、技术，解决真实情境中的问题。但学生的思维不够开阔，设想不够大胆，而此时我若加以积极、有效的引导和有建设性的指导，或许学生间可以擦出更灿烂的思维火花，设计出更有深度、更有新意的方案。此外，方案设计、展示交流、生生互评可以再充分些。学生有合作学习的形式，但是没有全员参与，小组成员之间应相互取长补短，教师同时进行积极的引领和有效的指导。

（四）总体评析

本课时是本单元整体教学的第四课时，前3个课时的学习已为本课时的学习奠定了良好的基础。整节课教学思路清晰、主线明确、重点突出、过渡自然，活动目标明确，学生参与度较高，学科核心素养得到了较好的落实。本课时的教学设计和课堂实施表现出以下特点：

1.基于真实问题的解决，体现项目化学习理念。

生物学学科核心素养的发展离不开情境的支撑。真实、有趣的情境不仅深受学生的喜爱，更能激发学生的探究欲望，有效帮助课堂教学活动的深入开展。在本课时中，学生探究培育"马铃薯－番茄"植株的现存问题，并以科学家的身份进行了设计、改进，提出了自己的方案。这体现了项目化学习的理念，学生在自主或合作进行基于项目任务的问题解决过程中积极学习和自主建构，内化了知识，发展了素养。

2.基于开放性议题的研讨，发展学生的科学思维。

学生的学习内容应该是现实的、有意义的、富有挑战性的。本课时有三大环节，其中分析"马铃薯－番茄"植株没有达到预期目的的原因和方案设计这两个任务都极具开放性，例如，学生提出了"两种植物的体细胞杂交可以培育新植株，那么融合两种植物的配子是否可行"的问题，这都是学生深度学习、发散性思维的体现。实施开放性的任务型教学，有利于启发学生的创新性思维，培养学生的参与意识和合作精神，以及自主学习能力。

3. 基于小组合作的学习，凸显学生的主体地位。

学生是学习的主体，在小组合作、自主学习中要凸显学生的主体地位。本课时无论是原因的分析探讨、多途径应用领域的介绍还是改进方案的设计，都是以小组合作完成的方式来开展的。尤其是多途径提高生产效率应用领域的介绍，充分发挥了学生的主体作用，小组成员既分工又合作，从实施过程来看，部分学生的表现远远超出了教师的预期。合作学习充分发挥了组内成员的特长，也让每个学生尽可能地参与课堂，真正成为课堂的主人。

4. 改进建议。

回顾本单元的教学，从科学知识到原理技术，再到生产实践，学生真正做到了利用所学知识解决真实问题，在新的情境中解决新的问题。教师可以尝试在本课时的最后提出新的生物学议题，让学生沿着"科学知识—方法技术—社会实践"的模式继续探索和发现，全面落实生物学学科核心素养的发展。

（本课时由浙江工业大学附属德清高级中学朱小燕老师设计和执教）

单元 3

利用动物细胞工程、胚胎工程技术获得有用的生物体及产品

专家解读

一、单元教学分析

　　动物细胞工程包括动物细胞培养、动物细胞核移植、动物细胞融合、胚胎工程等，应用细胞生物学、分子生物学和发育生物学等多学科的原理和方法，通过对细胞器、细胞或组织水平的操作，有目的地获得特定的细胞、组织、器官、个体或其产品。基于动物细胞核的全能性和胚胎发育的自然规律，实现体外培养动物细胞、利用核移植技术克隆动物个体、利用细胞融合和胚胎工程培育具有新性状的动物个体的目的，并在畜牧业、医疗等方面发挥重要作用。

　　通过对植物组织培养的学习，学生对细胞体外培养的条件、技术有了一定的认知，为本单元学习动物细胞培养打下了基础。通过初中阶段和必修模块的学习，学生对克隆羊多莉、核移植等技术已有一定的认识，但比较粗浅，并没有联系相应的结构与功能，对分子水平的有关原理也缺乏深层次的分析。因此，教师要引导学生利用已学知识，在新的问题情境中解决问题，建立更深层次的联系。本单元教学从植物组织培养迁移到动物细胞培养，从基因表达的角度重新认识核移植技术，从细胞融合到单克隆抗体技术，从胚胎发育过程再到胚胎工程技术，符合学生的认知规律，又可以帮助学生逐步构建本单元的知识网络，发展生命的系统观。

二、单元概念解构

　　本单元聚焦课程标准中的重要概念"动物细胞工程包括细胞培养、核移植、细胞融合和干细胞的应用等技术"和"对动物早期胚胎或配子进行显微操作和处理以获得目标个体"，这两个概念与重要概念"植物细胞工程包括组织培养和体细胞杂交等技术"共同支撑大概念"细胞工程通过细胞水平上的操作，获得有用的生物体或其产品"的建构。"动物细胞培养是从动物体获得相关组织，分散成单个细胞后，在适宜的培养条件下让细胞生长和增殖的过程。动物细胞培养是动物细胞工程的基础""动物细胞核移植一般是将体细胞核移入一个去核的卵母细胞中，并使重组细胞发育成新胚胎，继而发育成动

物个体的过程""动物细胞融合是指通过物理、化学或生物学等手段，使两个或多个动物细胞结合形成一个细胞的过程""细胞融合技术是单克隆抗体制备的重要技术""胚胎形成经过了受精及早期发育等过程""胚胎工程包括体外受精、胚胎移植和胚胎分割等技术"这六个次位概念共同聚焦本单元的重要概念。这些概念之间的关系如图3-1所示。

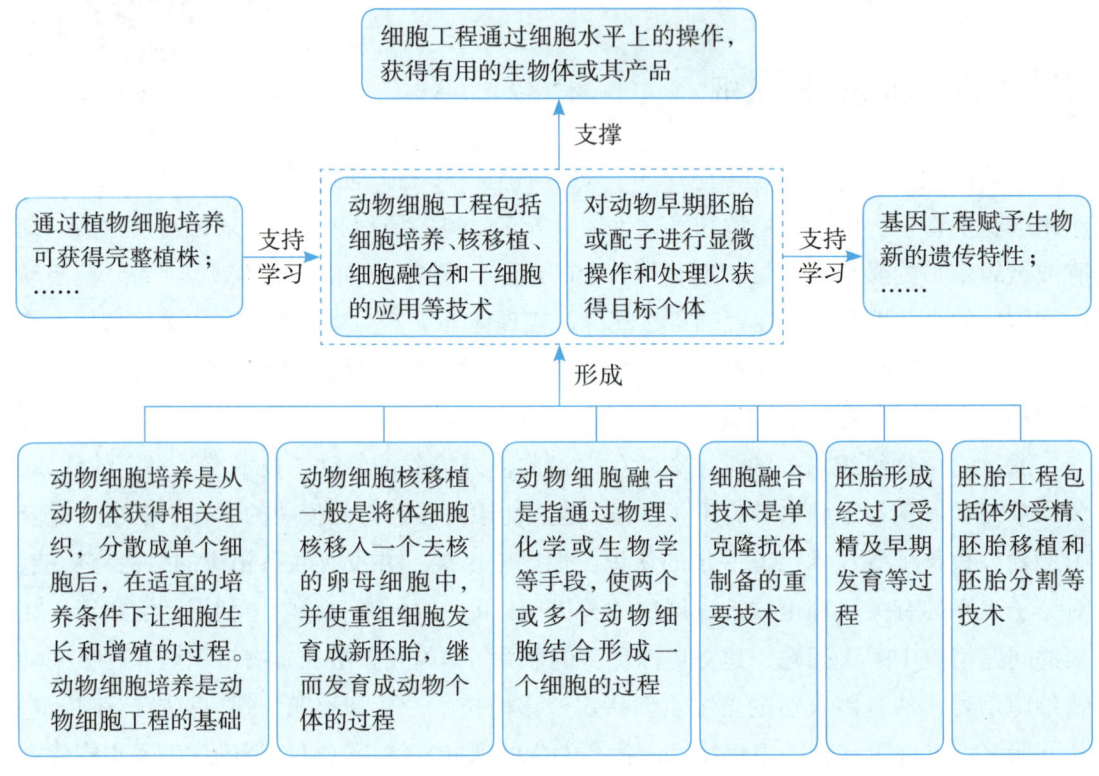

图3-1　单元3相关概念间的关系

三、单元目标

（一）学习目标

1. 通过类比植物组织培养的条件和过程，联系内环境与稳态的相关知识，推理出动物细胞培养的一般理化条件，阐明动物细胞培养的过程，发展物质与能量观、稳态与平衡观。

2. 通过分析蛙上皮细胞的核移植实验、多莉羊的克隆实验、三亲婴儿，说明细胞核中的遗传物质能控制核基因的表达，细胞质能影响重组细胞核基因的表达，从而影响克隆动物的性状，发展结构与功能观。

3.通过查找分析资料、构建概念图，归纳总结动物细胞培养的过程和条件，以及制备单克隆抗体、胚胎移植和胚胎分割技术等的过程，阐明动物细胞工程的内涵。

4.通过对"三亲婴儿"这一社会议题的探讨、审视或论证，能利用网络收集相关信息，基于事实和证据阐明个人立场，做出理性解释和判断，认同生物学研究对社会的重要意义。

（二）评价目标

1.能初步以结构与功能观说明细胞核与细胞质既分工又合作，需要具备生命观念的一级水平。在新的情境中，能以结构与功能观为指导，分析生命现象，需要具备生命观念的二级水平。综合物质与能量观、稳态与平衡观，分析动物细胞培养的条件，需要具备生命观念的三级水平。

2.运用归纳与概括、演绎与推理的方法总结动物细胞工程的各项技术。需要具备科学思维的三级水平。

3.能基于给定的培养条件，设计动物细胞工程实践方案。需要具备科学探究的三级水平。

4.能基于资料理性地分析"三亲婴儿"这一社会议题，需要具备社会责任的二级水平。认同生物学研究对社会的重要意义，并能进行科学的评价，需要具备社会责任的三级水平。

四、单元教学思路

（一）单元情境

大约有25%的亚急性坏死性脑病（亦称"Leigh综合征"）是由线粒体基因突变造成的。该突变会影响ATP的产生，造成脑干和基底神经节中的关键细胞因缺乏能量而死亡，且心脏和骨骼肌等高耗能细胞受损，最终导致患儿死于多器官衰竭。

如果女方携带发生了这类突变的线粒体，由于受精卵的细胞质几乎全部由卵细胞提供，那么孩子将难以避免地患上Leigh综合征这种母系遗传病。这类夫妻如何拥有自己健康的孩子？

（二）核心任务

女方患有线粒体遗传病，利用动物细胞工程的相关技术制订医疗方案，帮助这类夫妻生出健康的孩子。

（三）教学流程

以支撑本单元重要概念所需的次位概念为课时学习主题，课时教学以问题、任务、活动与评价为主线展开。本单元共6个课时，教学流程如图3-2所示。

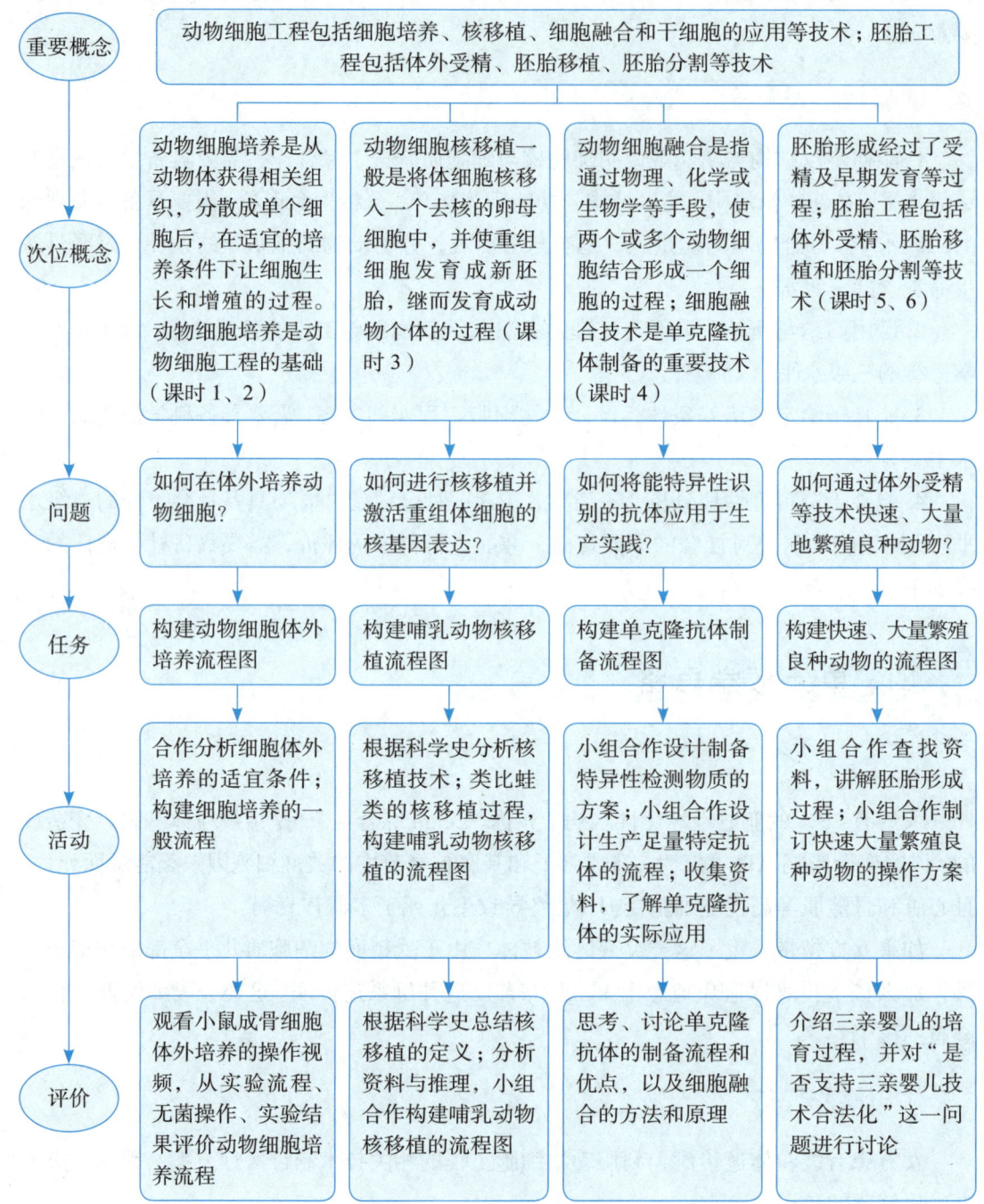

图3-2 单元3教学流程

五、课时教学实例

课时 1、2　细胞培养是动物细胞工程的基础

课堂实录

（一）课时概念解析

本课时的概念为"动物细胞培养是从动物体获得相关组织，分散成单个细胞后，在适宜的培养条件下让细胞生长和增殖的过程。动物细胞培养是动物细胞工程的基础"，该概念的建构需要以下概念或证据的支持：

1. 动物体细胞可在体外适宜条件下进行培养；
2. 动物细胞培养包括原代培养和传代培养。

（二）课堂实录

教学环节	课堂实录	专业点评
创设单元情境，提出核心问题	创设单元情境　机体若患亚急性坏死性脑病则会影响ATP的产生，造成脑、心脏等的细胞因缺乏能量而死亡，最终患儿会死于多器官衰竭。研究发现，大约25%的Leigh综合征是由线粒体基因突变造成的。由于受精卵的细胞质几乎全部由卵细胞提供，Leigh综合征成为难以避免的母系遗传病。有一对夫妇，妻子恰好携带了一部分的突变线粒体，这对夫妇希望生出健康的宝宝。你能为他们提供有效的方案吗？ 核心问题　如何在体外培养动物细胞？	根据单元情境，引导学生思考问题的解决方案，并提出本课时的核心问题。
任务1：探究动物体细胞体外培养的适宜条件	教师讲解　动物细胞培养是指从动物体获得相关组织，分散成单个细胞后，在适宜环境下让细胞生长和增殖的过程。 呈现资料 资料1：动物细胞培养的照片。 资料2：内环境是人体细胞生活的液体环境，其化学成分为：约90%为水，7%～9%为蛋白质，1%为无机盐，还有少量的由血液运送的物质，如葡萄糖、各种代谢废物、气体、激素。 资料3：细胞在机体内由于有免疫系统的保护，很少会被杂菌感染；细胞产生的代谢废物可以通过循环系统、泌尿系统及时排出体外，从而减轻对细胞的毒害作用。 教师设疑 分析资料1，讨论动物细胞培养的营养条件： ①类比内环境的化学成分，体外培养哺乳动物细胞时应该提供哪些营养物质？ ②体外培养哺乳动物细胞应该选择哪种培养基（液体或固体）？	学生采用类比推理法得出结论，补充了培养条件的重要作用，发展了理性思维，也为培养过程的学习做好了铺垫。

续表

教学环节	课堂实录	专业点评
任务1：探究动物体细胞体外培养的适宜条件	结合资料1和2，说出动物细胞培养的环境条件： ①如何在体外创造合适的温度、湿度和气体条件？ ②体外培养哺乳动物细胞时，如何避免细胞被杂菌污染？ **学生活动**　小组合作类比归纳内环境的特点，得出细胞在体外培养的适宜营养条件和环境条件，得出体外培养需要葡萄糖、氨基酸、无机盐、维生素、生长因子、血清等营养物质，需要适宜的温度、湿度、pH、气体条件、无菌无毒的环境条件。 **教师活动**　总结动物细胞体外培养的适宜条件，并对培养基的类型进行介绍，引出血清在动物细胞培养中的重要作用。引导学生思考二氧化碳培养箱的作用。	
任务2：探究动物细胞的培养过程	**过渡**　有了以上适宜的条件后，如何在该条件下进行动物细胞培养？ **呈现资料**　"体外培养小鼠肌肉细胞"视频。 **学生活动**　结合视频，以培养小鼠的肌肉细胞为例，小组合作构建动物细胞培养的流程图，并进行交流和相互评价，完善动物细胞培养操作步骤的框架（图3-3）。 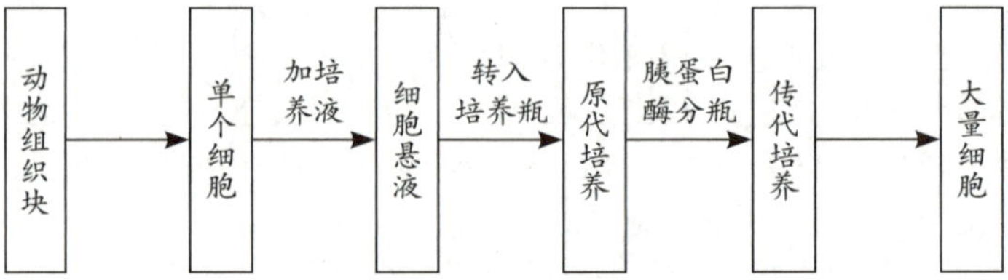 动物组织块 → 单个细胞 →(加培养液)→ 细胞悬液 →(转入培养瓶)→ 原代培养 →(胰蛋白酶分瓶)→ 传代培养 → 大量细胞 图3-3　动物细胞培养操作步骤 **过渡**　在整个流程中，我们需要注意哪些问题？ **呈现资料** 资料1：动物组织细胞间隙含有弹性纤维蛋白、胶原纤维蛋白等物质，能将细胞粘连在一起形成具有一定弹性和韧性的组织或器官。 资料2：有关研究表明，细胞必须与其他细胞或细胞外基质发生联系才能生存，如果一个细胞没有与其他细胞或者细胞外基质结合，这个细胞就会凋亡。 因此细胞在培养时要贴附于培养器皿（瓶）壁上（即"细胞贴壁"），细胞一经贴壁就会迅速铺展，然后开始有丝分裂（图3-4）。 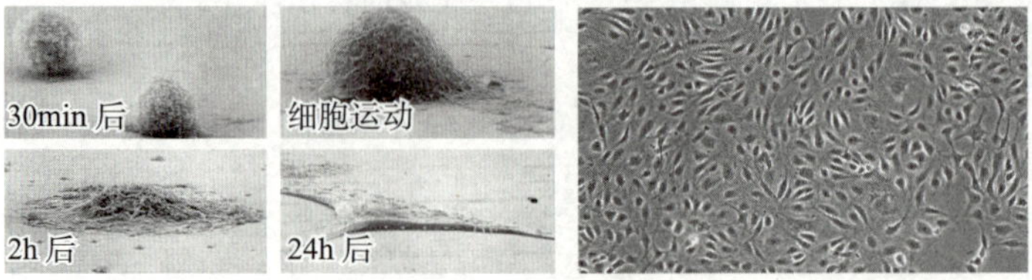 30min后　细胞运动 2h后　24h后 图3-4　动物细胞贴壁生长的过程及贴壁后的细胞形态	该环节采用论证式教学法对动物细胞培养的细节进行了探讨，学生通过分析资料提出自己的主张，并从资料中寻找证据进行佐证，从而得出结论，发展了科学思维。

续表

教学环节	课堂实录	专业点评
任务2：探究动物细胞的培养过程	教师设疑 ①在体外培养动物细胞前，应将组织做哪些处理才可获得单细胞的细胞悬液？ ②体外培养时，细胞生长有什么特性？所有细胞在体外培养时都有这个特性吗？ ③体外培养时，细胞会一直增殖吗？癌细胞有这个特性吗？为什么？ ④在进行传代培养时，对于悬浮生长的细胞与贴壁生长的细胞，应分别采用什么方法收集？ ⑤阅读教科书，根据理解补充动物细胞体外培养流程图（图3-5）。 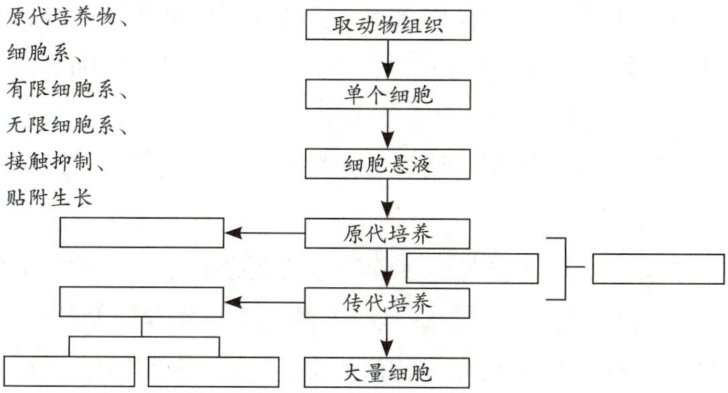 原代培养物、细胞系、有限细胞系、无限细胞系、接触抑制、贴附生长 取动物组织 → 单个细胞 → 细胞悬液 → 原代培养 → 传代培养 → 大量细胞 图3-5 动物细胞体外培养流程 学生活动 小组合作，基于资料分析和推理，探讨动物细胞体外培养操作过程中的细节问题，掌握蛋白酶在动物细胞培养中的作用，理解细胞在体外生长具有贴附生长和接触抑制的特性。再据此推理癌细胞的培养是否具有以上特性以及如何通过离心的方法收集细胞。 基于以上探究区分以下重要概念：原代培养、传代培养、原代培养物、细胞系、有限细胞系、无限细胞系，贴附生长、接触抑制，并再次补充流程图（图3-5）。	将重要概念与流程图相联系，学生既补充了知识结构体系，又有效地区分了易混淆的概念。
交流评价	呈现资料 "学生开展动物细胞传代培养实验"视频。 学生活动 观看视频，以小组为单位，从实验流程、无菌操作、实验结果3个方面评价该操作过程中是否有不恰当的地方。 过渡 细胞培养技术有哪些应用？ 学生活动 小组展示课前收集的细胞培养在生活中的应用实例，并大胆畅想这种技术还可以应用在哪些方面，以此提高人们的生活水平。 教师总结 动物细胞培养在生活中的应用： ①正常或者病变细胞的培养，可用于生理、病理、药理等方面的研究。 ②用于相关损伤组织、器官的修复。 ③大规模培养某些细胞以获得细胞的代谢产物，如疫苗、干扰素、抗体等。	资料收集和分享交流进一步让学生认识到动物细胞体外培养技术的重要作用，增强了学生对科学技术的认识，落实了社会责任核心素养。

（三）教学反思

本节课的亮点主要体现在三个方面：一是从事实到概念，关注概念的建构。本节课以"三亲婴儿"的产生作为情境导入，基于事实与实际操作视频引导学生了解动物细胞培养的适宜条件与一般流程；然后提供文献资料并进行问题驱动，引导学生掌握操作步骤中的细节；最后构建动物细胞培养流程的模型，并将原代培养、传代培养、原代培养物、细胞系、有限细胞系、无限细胞系、贴附生长、接触抑制这些概念补充到流程图上以形成完整的知识框架，不断完善动物细胞培养的一般流程，并将烦琐杂乱的知识形成有条理的思维导图，从而落实本节课的概念。二是巧妙地利用了教学评价在课堂教学中的作用。学生在课外进行实践操作，并基于实际操作视频中的错误进行生生互评和自评，掌握了动物细胞培养过程，增强了无菌操作意识。三是从课内延伸到课外，培养社会责任感。我鼓励学生通过互联网、电视、广播等媒介收集资料，对动物细胞培养在生活中的应用进行交流与评价。从课内拓展到课外，参与社会热点的讨论，学生逐渐意识到科学技术对生活、科研具有重要作用，从而增强了对科学技术的认同感，激发了学习的动力，提升了社会责任感。

本课时存在的不足之处：一是动物细胞培养的过程复杂，学生与此相关的知识储备和实践经验又极少，因此，学生在观看动物细胞培养的标准操作视频及学生操作视频后，难以快速掌握操作的关键步骤并构建出完整的流程图。二是在构建和完善流程图的过程中，学生的自评与互评不够充分，我对细胞系与细胞株的辨析也不够透彻，应该要借助活动进一步促进学生的自评与互评，从而加深学生对细胞培养流程的了解和对易混淆概念的辨析。

（四）总体评析

本节课通过"任务—问题—活动—评价"的方式推进课堂教学，在该过程中学生不仅达成了对概念的学习，同时发展了类比与推理、模型与建构等方面的科学思维以及社会责任核心素养，从而实现了学科知识与核心素养的共同发展。本课时的教学设计和课堂实施体现了以下特点：

1. 关注问题设计的进阶思维，采用论证式教学促进深度学习。

生物学结论的获得和概念的建构要基于事实和证据。本课时教师提供了大量的事实与文献资料，通过问题驱动引导学生分析资料，再基于资料进行论证，类比推理得出动物细胞培养所需的条件。同时教师也设计了一系列逻辑性强的问题以探究动物细胞培养的细节，引发学生的深度学习。其间，教师在概念教学的过程中引导学生充分交流，发展了学生的科学思维与表达能力。

2. 合理运用模型构建，促进知识结构化，发展科学思维。

动物细胞培养操作步骤较多，其中需要注意的细节繁多，学生容易混淆与遗漏。教师采取构建流程图的方式先引导学生搭建细胞培养一般流程图的概念模型，再通过论证式学习对一般流程图进行分析与补充，最后将学生容易混淆的概念如细胞系、细胞株等填到流程图的适宜位置以进行区分。这种"总—分—总"的教学方式一方面使学生形成了条理清晰的知识结构体系，区分了相近概念，另一方面也发展了学生的科学思维。

3. 借助教学评价，激发学生反思，内化知识体系。

动物细胞培养是一项实验技术，也是整个动物细胞工程的基础。学生对相关知识的掌握情况具体如何还需要动手操作才能知晓。鉴于高中生物学实验室的条件，教师选择少部分学生进行动物细胞培养操作并录制视频，再选取关键步骤让学生在课堂上进行交流和评价，学生通过生生互评和自评引发反思，查找自己的知识漏洞，内化动物细胞培养相关理论知识。同时，小组交流动物细胞培养在生活中的应用，体会动物细胞培养的实际意义，认识到科学技术对于生活和生产具有重要意义，落实了社会责任核心素养的发展。

4. 改进建议。

一是本课时虽然对动物细胞培养的特性如贴附生长、接触抑制有所分析，但学生对这两个特性的掌握仅停留在细胞水平上。如果能够更加清楚地解释其分子机制，学生对贴附生长与接触抑制内涵的理解将更加透彻。二是受实验室条件限制，仅有少部分学生进行了动物细胞培养的实际操作。从课堂交流、评价上看，很多学生仍难以将所学知识运用到实际中。如果学生都可以进行实际操作，将理论知识运用到实际操作中，将对其理解动物细胞培养更有帮助。三是对细胞系与细胞株概念的讲解稍显仓促，可以让学生总结这两个概念并加以辨析以增强对概念的理解。

（本课时由浙江大学附属中学刘小园老师设计和执教）

课时 3　通过细胞核移植克隆动物

（一）课时概念解析

本课时的概念为"动物细胞核移植一般是将体细胞核移入一个去核的卵母细胞中，并使重组细胞发育成新胚胎，继而发育成动物个体的过程"，该概念的建构需要以下基本概念或证据的支持：

1. 细胞核具有控制细胞遗传和生命活动的功能；
2. 动物细胞核具有全能性。

（二）课堂实录

教学环节	课堂实录	专业点评
关联单元情境，提出核心问题	课时情境　如何避免母亲的线粒体遗传病遗传给后代？患者的卵细胞已经在体外成功培养，如何将卵细胞中异常的线粒体替换成正常的线粒体？ 核心问题　如何进行核移植并激活重组体细胞的核基因表达？	根据单元情境中的问题，提出了本课时的核心问题。
任务1：模拟核移植中的去核、注核	教师提问　在研究核移植技术时，你会优先选择什么动物的细胞作为材料？ 学生活动　互相交流、补充，得出：大的细胞更容易进行核移植，低等生物易于高等生物，分化程度低的细胞易于高度分化的细胞（胚胎细胞易于体细胞）。 学生代表模拟去核与注核的操作：用吸管吸去卵黄中白色圆点的部分（含有细胞核）以模拟去核，用注射器将墨水注入卵黄以模拟注核（图3-6）。 图3-6　模拟去核与注核	教师引导学生动手操作以直观感受核移植的过程，从而理解显微操作的困难和电脉冲细胞融合技术的优点。
任务2：根据科学史总结核移植概念	过渡　给鸡蛋卵黄细胞进行核移植是可行的，那么其他动物呢？ 呈现资料　童第周的鱼胚胎细胞核移植实验。 教师提问 ①这个实验最终得到了幼鱼，说明了什么？ ②选择卵细胞作为核受体细胞并获得了成功，说明了什么？ 学生活动　思考、讨论后回答问题： ①囊胚细胞的细胞核仍有全能性，可利用显微技术进行核移植。 ②这说明了卵细胞质中含有能控制发育的物质，有助于动物个体的培育。 过渡　囊胚细胞是由受精卵发育而来的，属于胚胎细胞。能不能用体细胞核进行移植？ 呈现资料　童第周的黑斑蛙成体红细胞和囊胚细胞核移植实验图。 教师提问 ①请描述童第周的实验过程和结果，给核移植下一个定义。	中国科学家的研究成果有助于培养学生的民族自豪感。教师借助相关的图片和文字材料开展活动，训练了学生的读图和分析能力。

续表

教学环节	课堂实录	专业点评
任务2：根据科学史总结核移植概念	②根据实验结果，你能得出什么结论？为什么动物体细胞很难表达全能性？ **学生活动**　思考后介绍实验过程和结果： ①核移植：将体细胞核移入去核的卵细胞中，最终获得动物个体。 ②实验结论：囊胚细胞核移植成功率高于体细胞。体细胞的细胞核仍然具有全能性。体细胞因基因的选择性表达导致有的基因不表达，如基因发生了甲基化和乙酰化后不表达。	
任务3：绘制克隆羊流程图	**教师提问**　相比蛙类，哺乳动物的克隆还需要做什么？ **学生活动**　类比克隆蛙的培养过程，绘制克隆羊的一般流程图。 **呈现资料** 资料1：胎生动物图。说明：目前人类还不能在体外完成整个胚胎发育过程。 资料2：细胞大小对比图。说明：两栖类细胞直径为 1～2 cm，人卵细胞直径约为 100 μm。 资料3：卵细胞形成过程图。说明：哺乳动物输卵管中排出的并非卵细胞，而是次级卵母细胞（MⅡ）。次级卵母细胞只有在受精后，Ca^{2+} 内流，才能激活完成减数分裂，形成卵细胞。 **学生活动**　小组绘图后介绍克隆羊的流程。 **教师活动**　展示1至2组的成果并交流。 **过渡**　克隆羊的流程和大家设想的很相似。1997年，克隆羊多莉诞生了（图3-7）。 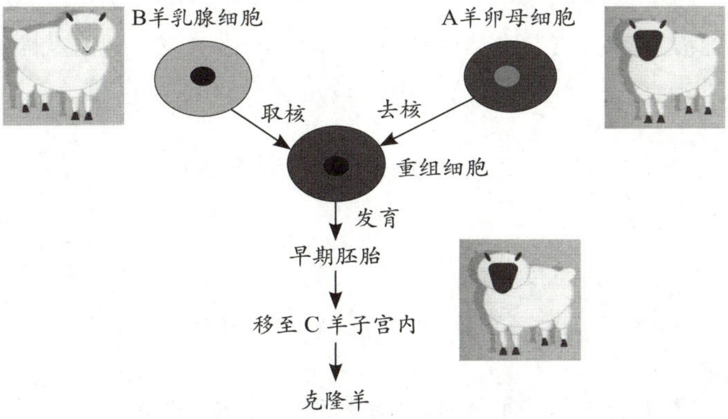 图 3-7　克隆羊的流程 **教师提问**　图中的多莉最像哪只羊？为什么？另外两只羊分别为多莉提供了什么？ **学生回答**　克隆动物与核供体具有几乎相同的遗传物质，B羊提供细胞质，C羊提供营养和环境。	教师从蛙的核移植迁移到羊的核移植，在联系和比较中引起学生的深入思考，训练了学生的类比推理能力。学生以小组合作的方式自主构建概念图，并通过生生互评和补充，最终得到较为完善的概念图，这充分体现了以学生为主体的教学理念。

续表

教学环节	课堂实录	专业点评
任务3：绘制克隆羊流程图	过渡　多莉的成功证明了哺乳动物高度分化的体细胞核也能表达全能性。 教师提问　相比鱼类和蛙类，克隆哺乳动物还需要做哪些操作？ 学生活动　哺乳动物细胞小，需要更精密的显微操作技术，需要从体内获取卵母细胞（MⅡ），卵母细胞经过培养并被激活后，再移植回子宫内才能继续发育。 呈现资料　显微操作流程图。 教师提问　显微操作中的电击有什么作用？ 学生活动　思考后说出电击的目的：激活卵母细胞以完成减数分裂，形成卵细胞。 总结：除此之外，将核注射到透明带中，再利用电击就可以促进核质融合，相比将核注入细胞中效率更高。这种方法称为电脉冲细胞融合技术。	
任务4：分析激活克隆羊胚的原理	过渡　卵细胞质中有什么物质能激发细胞核全能性的表达？科学家还进行了哪些操作？ 呈现资料 资料1：细胞周期主要由成熟促进因子（简称"MPF"）调节。有丝分裂前期、中期细胞质中的 MPF 含量升高，在末期下降，可以促进染色体凝聚等。 资料2：对于核受体为处于MⅡ的次级卵母细胞，如果用 G_2 期细胞核进行移植，由于 MPF 的作用，重组胚将为四倍体核型。如果用 S 期细胞核移植，重组胚的细胞核型可能处于二倍至四倍，且因为 DNA 正处于解旋状态就发生了染色体凝聚，所以 DNA 会变为粉末状，造成损伤。如果用 G_1 期细胞作为核供体，得到的重组胚仍为二倍体核型。 资料3：若细胞内营养物质与生长因子不足，细胞因不能复制 DNA 而停留在 G_1 期。 教师提问 ①为什么选择8细胞胚进行胚胎移植？ ②乳腺细胞系的细胞处于不同的细胞周期，什么时期的细胞适合核移植？ ③为了使乳腺细胞都处于同一时期，该如何调节培养基中的牛血清浓度？ 学生活动　阅读资料，合理推理后回答问题①：重组卵细胞开始第3次分裂时，调节蛋白（抑制基因表达）全部被蛋白因子（可以激活基因表达）替换，重组卵细胞开始表达自己的基因。 教师补充　卵细胞中的蛋白因子包括去甲基化酶，可以去除基因上的甲基化修饰，所以卵细胞质能够激发体细胞核的全能性。其他的原理有待进一步的研究。	学生通过联系细胞周期、基因的表达、细胞培养等相关的知识点，进一步从分子水平上深入理解了核移植的原理。通过文献资料帮助学生深入理解教科书小资料中的相关内容，自然而然地理解了哺乳动物核移植需要的相关技术。

续表

教学环节	课堂实录	专业点评
任务4：分析克隆羊胚激活的原理	学生活动　分析资料，思考后回答问题②：处于G_1期的细胞适合进行核移植，可以保持二倍体核型。 思考后回答问题③：降低牛血清浓度甚至不添加牛血清，可以使得细胞无法进行复制从而同步于G_1期，即营养限制性培养。 过渡　请各小组补充、完善自己组的克隆羊流程图。 学生活动　在原先的流程图上增加营养限制性培养、电脉冲融合技术、选择8细胞胚进行胚胎移植这3个内容。各个小组代表对自己小组的流程图（图3-8）进行讲解。 　　　　　营养限制性培养 A羊体细胞 → 细胞核　　　　8细胞胚移植 　　　　　　　　　　→ 重组细胞 → C羊子宫 → 克隆羊 B羊卵（母）细胞 → 细胞质 　　　　　电脉冲细胞融合 图3-8　克隆羊流程图	通过小组合作完善流程图，学生在建构知识体系的同时，总结了本课时的核心知识。
交流评价	呈现资料　新闻视频："中中""华华"克隆猴的诞生。与动物克隆相关的科学史脉络总结图。 教师小结　今天我们跟着科学家的脚步，从简单的鱼类到复杂的哺乳动物，从胚胎细胞到体细胞，并且随着科学研究的深入和技术仪器的革新，克隆技术获得了一个又一个的突破。 教师提问　我国克隆技术在世界上处于什么地位？为什么要研究核移植技术？ 学生总结　中国克隆技术与世界同步，甚至超前。核移植技术可以用于科学研究、药物生产、优良种畜的培育、拯救濒危动物、治疗性克隆等。 教师提问　克隆技术发展到现在，还存在哪些问题需要解决？ 学生总结　仍存在克隆动物早衰、发育困难、免疫失调等问题，以及克隆成功率低的问题。 结语　中国未来的克隆技术，可能就需要在座各位的努力了！ 课后作业　收集诱导多能干细胞（简称"ips细胞"）的资料并制作电子手抄报。观看一部与克隆有关的电影。	科学史的梳理可以让学生体会到科学的发展离不开技术的革新，科研成果需要转化为实际应用才能造福人类，提升了社会责任感。展示中国科学家的最新研究成果可以提升学生的民族自豪感，感悟科学家不断探索的研究精神。

（三）教学反思

本课时的亮点主要体现在三个方面：一是以科学史为主线，重点突出中国科学家的研究成果，提升了社会责任感。本课时呈现的有关核移植研究的科学史遵循从简单生物到复杂生物、从胚胎细胞到体细胞的思路，符合学生的认知规律。中国科学家童第周的故事、中国科学院克隆猴的研究等科学史资料提升了学生的民族自豪感；从"科学家为什么要研究核移植"出发，引出克隆技术的实际应用；课后作业启发了学生对克隆人的思考，潜移默化地渗透了"技术是双刃剑，我们需要使用科技造福人类"的理念。二是问题逻辑清晰，学生活动丰富。首先让学生动手进行鸡蛋核移植实验，给学生一个直观、形象的感受，激发了学生的兴趣，也便于其理解哺乳动物显微操作的困难，体会电脉冲细胞融合技术的优点；再基于类比核移植实验和资料分析活动，构建哺乳动物核移植的流程图，这一过程需要学生进行类比与推理、资料分析与整合，并在已有的知识基础上通过小组合作构建出新的知识体系。三是通过多种方法，发展学生的科学思维。学生活动都以小组为单位，这提升了学生的合作学习和交流能力。在课堂活动的过程中，我充分给予学生自主阅读资料、小组讨论的时间，提升了学生信息获取、图文转化、类比推理、科学论述等关键能力。两次流程图的修正均培养了学生自主建构知识体系的能力。

本课时存在的不足之处：学生活动中出现的错误高度一致，如都没有注意到从哺乳动物输卵管中获取的是次级卵母细胞，错误的一致性导致生生评价较少。课前我没有考虑到个别学生分不清乳腺细胞是体细胞还是生殖细胞，造成学生在进行最后一个活动时遇到了困难。课堂中暴露的这些问题，都需要我及时发现、因材施教。

（四）总体评析

本课时主线清晰，由浅入深；学生活动合理有序，可操作性强。本课时的教学设计与课堂实施表现出以下特点：

1. 以科学史为主线，从事实到概念，关注概念的形成过程。

本课时在单元情境下创设课时情境，提出核心问题。整节课基于从简单到复杂的科学史顺序展开，符合学生的认知规律。基于童第周的科学史事实，学生根据实验操作自主总结核移植的概念；基于哺乳动物和两栖类动物的差异、实际操作中遇到的困难，教师在资料中补充电脉冲细胞融合技术、营养限制性培养技术，再由学生自主构建完整的克隆哺乳动物的技术路线图。本课时的概念建构既涉及了课时1中的动物细胞培养相关知识，也涉及课时4中胚胎发育的有关概念，体现了单元整体教学的设计理念。

2. 关注问题设计的进阶思维，促进深度学习。

问题从简单到复杂，从直观到抽象，从宏观到微观，最后再回到宏观，深入浅出。问题串中既有课内概念的落实，也有课外资料的延伸分析；既有简单的实验过程图文分析，也有高阶思维的类比推理；既有严谨的推理性问题，也有开放性问题与对社会议题的思考。整节课较好地落实了本课时的重要概念，也解答了学生的困惑，促进了学生的深度思考。

3. 学生活动由浅入深，促进知识的结构化。

本课时的学生活动由浅入深，层层递进。模拟去核、注核的活动给学生以直观的感受和体验；初步构建哺乳动物核移植流程图活动，训练了学生的整合与推理能力；结合资料完善流程图活动，训练了学生的构建知识体系能力。3 个活动学生全员参与，两次流程图的阐述、分享都由学生代表进行，充分体现了以学生为主体的思想，调动了学生的积极性。

4. 改进建议。

对于哺乳动物核移植的显微操作流程与电脉冲细胞融合技术，课堂上教师仅仅是呈现了图片和文字说明，如果有清晰的实验操作视频，那么就能给学生更加直观、生动的学习体验。本课时教学中的生生评价总体偏少，建议教师耐心等待或充分挖掘学生的潜力，或者通过制订科学的评价量表等方式帮助学生开展有效的自评与互评，提升学习效果。

（本课时由浙江大学附属中学吴思苹老师设计和执教）

课时 4　通过细胞融合可产生具有新特性的细胞

课堂实录

（一）课时概念解析

本课时的概念为"动物细胞融合是指通过物理、化学或生物学等手段，使两个或多个动物细胞结合形成一个细胞的过程""细胞融合技术是单克隆抗体制备的重要技术"，这两个概念的建构需要以下基本概念或证据的支持：

1. 可通过一定手段诱导两个或多个动物细胞融合形成一个细胞；
2. 利用细胞融合技术和细胞筛选可以制备单克隆抗体。

（二）课堂实录

教学环节	课堂实录	专业点评
关联单元情境，提出核心问题	**创设情境**　当重组细胞发育到一定时期后，需要移植到母体的子宫内继续发育。如何快速检测胚胎移植是否成功？在生活中，女性通常可使用验孕试纸快速检测自己是否怀孕。新型冠状病毒抗原检测试纸的原理与验孕试纸基本一致，只是待检测的物质不同。那么，如何量产针对新型冠状病毒抗原的特异性抗体？ **核心问题**　如何将能特异性识别的抗体应用于生产实践？	根据单元情境引出"单克隆抗体"的实际应用价值，引导学生思考单克隆抗体的制备过程，激发了学生的探究乐趣。
任务 1：获得具有特异性的检测物质	**教师活动**　邀请一位同学用新型冠状病毒抗原检测试纸进行自我检测，合理推测出检测线上固定了某种特殊的物质。提出问题：①检测物质是什么？②该如何获取？ **学生活动**　①根据学过的知识，设计制备特异性检测物质的方案，以流程图的形式呈现，同时思考以下问题： a. 哪种物质具有特异性识别能力？	从课堂活动入手，让学生直观感受了抗体的特异性识别功能。

续表

教学环节	课堂实录	专业点评
任务1：获得具有特异性的检测物质	b. 若以小鼠为实验对象，可以通过哪种方式使小鼠产生上述物质？ c. 从小鼠体内提取的是该物质，还是产生该物质的细胞？选择该物质时可能存在什么问题？如果选择细胞，你的理由是什么？ d. 获得的细胞或物质只有一种类型吗？该如何进行筛选？ ②由一组同学陈述获取流程及其理由，其他同学提出疑问，并由方案设计组解答。 **教师提问** ①如何筛选出能产生特异性抗体的B细胞？ ②筛选过程要求B细胞能够增殖，如何解决这个问题？	
任务2：制备单克隆抗体	**教师活动** 展示学生的新型冠状病毒抗原检测结果。提出在实际应用中，我们不仅需要获得特异性抗体，还需要实现量产。 结合任务1中的筛选要求，总结得出：我们需要的是一个既能产生特定抗体，又能无限增殖的细胞。 提出问题：有什么手段可以使一个细胞同时拥有两种细胞的特性？ **呈现资料** 资料1：1838年，科学家在肿瘤中观察到了细胞融合后产生的多核细胞，此后在发生了病毒感染的病理组织中陆续发现了多核细胞。1875年，科学家首次观察到脊椎动物血液细胞的融合现象。科学家后续发现当提供一些特殊的诱导因素时，如聚乙二醇处理、电流刺激或病毒诱导，细胞膜会发生一定程度的损伤，细胞就可以实现相互粘连而后发生融合。 资料2：把小鼠瘤细胞和人的成纤维细胞悬液混合在一起，加入一定浓度的、经紫外线灭活的仙台病毒，这两种细胞会发生融合，随之细胞核也发生融合，成为单核的杂种细胞系。这些杂种细胞保留了小鼠全部的40条染色体，人的染色体大部分丢失。但在杂种细胞内小鼠和人的基因可以同时表达，它们各自控制相应蛋白质的合成。 **学生活动** 阅读资料，了解动物细胞融合的方法和特点。 **教师提问** 动物细胞可以融合吗？ **学生活动** ①利用B细胞与骨髓瘤细胞，设计一个特定抗体的量产方案，以流程图的形式呈现。 ②由一组同学陈述设计理由，并与其他小组的方案进行对比，选出最合理的一组，并说明理由。 **过渡** 最终我们获得的产物称为单克隆抗体。整个过程涉及的技术主要是动物细胞融合和动物细胞培养。下面请同学们根据流程，整理单克隆抗体的定义。 **教师引导** 通过这个方案我们可以制备大量新型冠状病毒抗原检测试纸的核心试剂。最后，请同学们思考这3个问题： ①制备检测所需的抗体，为什么要进行筛选？	通过阅读资料，学生了解了细胞融合的方法和特点，为学习细胞融合技术的应用奠定了基础；通过讨论、评价，学生修正和完善了抗体量产的制备流程，发展了科学思维和科学探究能力。 本环节中有部分学生未能参与讨论，同时教师的语言不够精练、到位，还有提升的空间。

续表

教学环节	课堂实录	专业点评
任务2：制备单克隆抗体	②在单克隆抗体的制备过程中需要进行几次筛选，分别筛选得到什么细胞？ ③获得的抗体有什么优点？ 过渡　单克隆抗体的制备是以细胞融合为技术基础的，通过细胞融合可以获得具有新特性的细胞。请同学们继续思考： ④诱导细胞融合的方法有哪些？原理是什么？ ⑤细胞融合所形成的杂种细胞具有什么特点？ 学生活动　思考以上问题并回答。 教师总结　至此，同学们已经基本掌握了生产新型冠状病毒抗原检测试纸的核心技术。用单克隆抗体制备的试纸，检测范围很广。那么，除了进行检测，单克隆抗体还有其他应用价值吗？	
交流评价	学生活动　思考：单克隆抗体在医学领域还有哪些应用？课后收集资料，了解单克隆抗体在临床上的实际应用。 教师引导　自然界中有没有天然存在的细胞融合现象？下节课我们就来讲解受精与早期胚胎发育的相关内容。	本环节让学生进一步了解了单克隆抗体的临床应用，提升了学以致用、科学服务大众的社会责任感。

（三）教学反思

　　本课时的亮点主要体现在两个方面：一是课堂情境贴合学生生活。本课时以"制备新型冠状病毒抗原检测试纸"为主线，逻辑清晰，学生解决了生活中可能遇到的问题，真正做到学以致用，提升了社会责任感。二是通过两个流程图设计的活动充分调动学生的主观能动性，让所有学生都参与到课堂中。此外，通过"学生讲解设计流程—其他学生提出问题—学生再解答"的生生互问互答模式，将课堂充分还给学生，让学生成为课堂主体，而我主要起到引导和补充讲解的作用。在整个课堂中，学生勇于发表看法，思维活跃，充分发展了科学思维。同时，我也基于学生的观点总结出了学生对知识点的掌握情况和存在的一些错误理解。

　　本课时存在的不足之处：一是课时情境与单元情境的融合不够。"三亲婴儿"的培育是本单元的单元情境，但在本课时的教学中犹如蜻蜓点水，仅在引入新课时有所涉及，在后续教学乃至收尾时未再作呼应。二是学生进行方案流程的交流、分享时，我的引导不够充分，对一些意料之外的提问，回答得不够精练、准确。本课时在设计时希望以"单克隆抗体的制备"为例引出细胞融合可产生具有新特性的细胞，但实际教学的侧重点为单克隆抗体的制备流程，对细胞融合的讲解不够充分，且未对细胞融合技术的现实应用展开具体讨论，后续可以尝试适当增加这一部分内容的教学。

（四）总体评析

本课时结合当前的社会热点问题，通过"任务—活动—评价"的方式推进课堂教学，让学生在已有的知识背景下尝试解决现实生活中的问题，学以致用，发展了科学思维，提升了利用现代科技造福人类的社会责任感。本课时的教学设计和课堂实施体现了以下特点：

1. 从现实情境出发，学以致用，培养社会责任感。

本课时以"如何量产检测物质用于制备新型冠状病毒抗原检测试纸"为教学主线，从现实生活出发，紧跟社会热点，让学生的思路从在真实情境中学习理论知识转变为学习如何将知识应用于生活实践，从而充分调动了学生的学习热情和好奇心。教师在课堂教学中逐步引导学生树立了学以致用的意识，同时学生也提升了现代青年应有的社会责任感。

2. 以方案设计为课时主题，充分体现学生主体。

在教学过程中，要明确学生是教学的主体，要充分调动学生在课堂中的主观能动性。本课时开展了多个小组讨论和评价活动。例如：在设计制备单克隆抗体的流程后，学生展示了制备流程，进行了生生互评，并在讨论、评价中修正和完善了流程，也进一步加深了对单克隆抗体制备过程的认识和理解。通过生生互动、师生互动，学生发展了科学思维，增强了学习、思考生物学的热情。

3. 关注流程设计的进阶思维，促进知识结构化。

学生活动设计由浅入深，层层递进。本课时先设计特异性检测物质的初步制备流程，再提出实际操作中的困境从而改进方案，随后总结了单克隆抗体的制备流程；基于对问题的思考，归纳总结了单克隆抗体的制备和细胞融合技术的基础知识，并对学生的掌握情况展开了评价。整节课的活动设计以问题促探究，以探究促思维，符合学生的认知规律，帮助学生理解了单克隆抗体的制备流程。从学生的反馈来看，大部分学生掌握了本课时的重点。

4. 改进建议。

本课时的教学重点在于方案的设计，即设计单克隆抗体的制备流程。教师对细胞融合技术的讲解点到即止，这不利于学生对该技术手段实际应用的理解。此外，教师在提问和解答环节中的语言不够准确、精练，如果能对学生进行精准的引导，那么课堂效果会更好。

（本课时由浙江大学附属中学童恬静老师设计和执教）

课时 5、6 对动物早期胚胎或配子进行处理可获得目标个体

（一）课时概念解析

本课时的概念为"胚胎形成经过了受精及早期发育等过程""胚胎工程包括体外受精、胚胎移植和胚胎分割等技术"，这两个概念的构建需要以下基本概念或证据的支持：

1. 胚胎形成需经过受精及早期胚胎发育等过程；
2. 通过体外受精、胚胎移植和胚胎分割可对胚胎进行处理并使其发育成个体。

（二）课堂实录

教学环节	课堂实录	专业点评
关联单元情境，提出核心问题	创设情境　患有 Leigh 综合征的母亲想要拥有健康的孩子，就需要另一位女性捐献去核的卵细胞。在该卵细胞中植入母亲的细胞核形成重组卵细胞，重组卵细胞经过受精作用形成受精卵，这样诞生的孩子将会继承一位男性和两位女性的遗传基因，即"三亲婴儿"。若你是"医疗小助手"，要向该家庭介绍"三亲婴儿"技术，那么你还需要了解哪些相关知识？ 核心问题　如何通过体外受精等技术快速、大量地繁殖良种动物？	教师从具体案例出发，引导学生进行职业体验，实现沉浸式学习。
任务1：简述受精作用及早期胚胎发育的过程	学生活动　根据课前查找的资料，分组汇报受精作用、单精子受精的原因及早期胚胎发育的过程。其他小组对汇报情况进行点评。 教师提问 ①只有同种动物的精子和卵细胞才能结合的原因是什么？与精子结合的是经减数分裂产生的成熟的卵细胞吗？ ②以人为例，早期胚胎发育的场所在哪里？早期胚胎发育产生的细胞是否已经失去全能性？ 学生活动　回顾各小组汇报的内容，回答以上问题，提炼胚胎发育核心知识要点。 教师总结　基于概念图（图3-9）进行课堂小结：了解了胚胎发育过程可为获得目标动物个体提供理论基础。	通过小组合作查找资料，学生提升了获取知识、合作学习的能力；通过汇报，进一步理解和内化了相关知识，也提高了表达能力。

图 3-9　胚胎的形成过程

续表

教学环节	课堂实录	专业点评
任务2：简述体外受精、胚胎移植和胚胎分割	**资料呈现**　在自然状态下，牛、马等母畜通常一年产一胎，一生繁殖的后代仅仅约16只。由代孕母畜担任妊娠产子任务，可使优良母畜免去较长妊娠期，从而使其能在一定时间内产生较多的后代。 **学生活动**　结合教科书内容，同桌合作，以文字流程图的形式简要介绍快速、大量繁殖优良奶牛品种的过程。运用多媒体投影仪展示作品，并讲解。 **教师活动**　以该培育流程为教学主线，依次讲解体外受精、胚胎移植、胚胎分割等技术。 介绍体外受精技术，展示我国首例试管婴儿郑萌珠、"试管婴儿二代宝宝"以及试管动物等的图片，介绍目前通过体外受精得到试管婴儿技术已让无数生育有困难的夫妇如愿以偿。此外，在畜牧业生产中，也广泛应用体外受精技术获得了试管动物。 **提出问题**　在体外受精技术中，在采集精子和卵细胞的前后需要做哪些准备？能不能直接进行体外受精？ **呈现资料** 资料1：附睾分泌的一种物质会附于精子表面，抑制精子的受精能力，这种物质称为去能因子。精子进入女性生殖道以后，去能因子的作用被解除，精子才具有真正的受精能力，这就是精子获能。能够解除去能因子的物质称为获能因子。女性生殖道中存在的β-淀粉酶、β-葡萄糖苷酸酶、胰酶均可消除去能因子的活性。因此，精子进入女性生殖道后，去能因子被去除而使精子获能。 资料2：下丘脑、垂体、卵巢的相互关系示意图（图3-10）。 **学生活动**　基于上述资料，思考回答以下问题： ①收集精子后，精子要在特定培养基中培养的主要目的是什么？ ②大量繁殖优良家畜，主要的限制因素是母畜的排卵能力有限，可通过什么方法增加良种母畜的排卵数量？ ③超数排卵完成后，可以从哪里采集卵细胞？ ④采集到的卵细胞是否都可以直接与获能的精子受精？ **教师活动**　补充介绍采卵技术。 **过渡**　通过体外受精技术获得的受精卵，一般不会直接用于移植，因为受孕率很低，桑椹胚或囊胚移植成活率比较高，所以要对受精卵进行早期胚胎体外培养。 **教师提问**　早期胚胎体外培养的培养液成分有哪些，培养过程中培养液成分是不是固定不变的？ **学生活动**　联系动物细胞的培养条件，总结体外培养早期胚胎的培养液成分。类比植物组织培养，由于胚胎不同发育时期生理代谢的需求不同，所以需调整培养液的成分。 **过渡**　培养到适宜时期，就可以进行胚胎移植，胚胎移植还需要注意什么问题？	学生通过设计流程图，逐步构建了本节课的知识框架；多媒体投影仪等信息化手段的运用也为课堂增效。不同小组设计的流程不同，也增强了学生的学习动力和激求知欲。 教师利用图文资料让学生从中获取信息，而不是采用直接灌输的方式，再通过递进式问题链引导学生思考，逻辑顺序合理、清晰。

教学环节	课堂实录	专业点评
任务2：简述体外受精、胚胎移植和胚胎分割	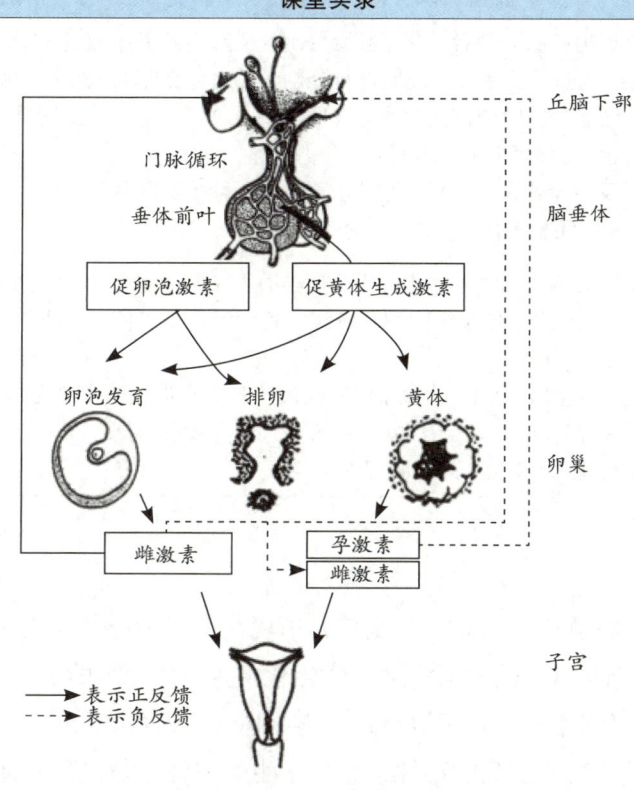 图3-10　丘脑、脑垂体、卵巢的相互关系示意图 **资料呈现** 资料1：在分类学上亲缘关系较远的物种，由于胚胎的组织结构、胚胎发育所需要的条件以及发育进程差异较大，经移植的胚胎在绝大多数情况下不能存活或只能存活很短的时间。 资料2：奶牛如果在发情周期10天排卵，随着雌激素增加到一定程度，子宫大约在17天进入能接受胚胎的最佳生理状态；如果没有胚胎着床，随着雌激素水平的下降，在21天左右子宫重新进入不能孕育胚胎的状态。 **教师提问**　提供胚胎的个体称为"供体"，接受胚胎的个体称为"受体"。为提高胚胎移植的成功率，供体和受体分别要具备什么条件？胚胎移植中的胚胎来源有哪些？ **学生活动**　通过资料分析得出，胚胎移植的供体和受体是同一物种，并且处于相同的生理状态。要充分发挥优良母畜的繁殖潜力，也可以通过超数排卵后自然受孕、人工授精或体外受精以及核移植技术等方式获得胚胎，之后移植到代孕母畜体内。再进一步总结胚胎移植的概念。 **过渡**　生产时可以通过超数排卵、体外受精、胚胎移植等技术充分发挥优良母畜的繁殖力。如何进一步提高胚胎的利用率？	教师引导学生通过分析资料解决问题，再通过问题引导学生进行概念建构。

续表

教学环节	课堂实录	专业点评
任务2：简述体外受精、胚胎移植和胚胎分割	**教师活动** 在学生提出胚胎分割后，介绍胚胎分割的概念，并引导学生思考相关问题：通过什么手段对胚胎进行分割？可对什么时期的胚胎进行分割？胚胎分割时应该注意哪些问题？ **学生活动** 集体讨论，逐个回答相关问题。 **教师总结** 以上提及的体外受精、胚胎体外培养、胚胎移植、胚胎分割等技术，都是针对胚胎发育过程，统称为胚胎工程。	递进式追问和学生的集体讨论推进了课堂进程，活跃了课堂氛围。
整合单元知识，迁移应用	**学生活动** 基于本单元内容的学习，化身为医疗小助手向该家庭介绍"三亲婴儿"的培育流程。各小组间相互点评，各小组根据点评完善流程图。 **课后作业** 2015年，英国成为第一个批准合法实施"三亲婴儿"的国家。目前我国还未允许实施"三亲婴儿"的培育，请查找资料阐述你对实施"三亲婴儿"的观点，并说明理由。	教师关联课时情境和单元情境，基于学生的点评和补充，构建、完善本单元的知识网络。

（三）教学反思

本课时的亮点主要体现在三个方面：一是单元情境与课时情境的有机融合。在单元情境的基础上，课时情境加入了职业体验元素，学生化身为"医疗小助手"，向求助家庭讲解了"三亲婴儿"的培育流程，进行了沉浸式的学习体验，从而增强了学习动力，激发了求知欲。二是充分发挥学生的主观能动性，突出学生的主体地位。学生通过小组合作查找资料，增强了获取知识、合作学习的能力；通过汇报讲解，进一步理解、内化了知识，提高了表达能力。三是本节内容的教学采用"总—分—总"的模式，逻辑严谨，过渡自然，资料科学合理，充分发展了学生的科学思维。

本课时存在的不足之处：教学设计略显保守。在学生展示环节，由我进行总结和提问，学生没有放开讨论。二次教学时可以由学生负责抛出问题，其他同学回答，从而实现生生互动。关于体外受精技术的相关问题，教学过程中我是请学生逐个回答的，虽然问题具有较强的逻辑性和递进关系，但是比较分散，可尝试改为问题引导，让学生对体外受精技术进行系统性总结。对于胚胎分割需要注意的事项，是先由我引导，学生思考后再得出结论的，可以尝试采用更为开放的教学形式，如让学生自己画出分割结果图，组间展示交流，经小组讨论后再总结得出结论。

（四）总体评析

本单元的核心任务是体验医疗助手的角色，利用动物细胞工程的相关技术，为患有线粒体遗传病的母亲生出健康孩子提供医疗方案。本课时是本单元的最后一节，教师以"情境—任务—活动—评价"为主线展开教学，帮助学生在建构概念的同时，发展了生物学学科核心素养。本节课的教学设计和课堂实施表现出以下特点：

1. 基于单元情境，促进知识整合应用。

本课时在培育"三亲婴儿"的单元情境下创设了体验式学习，教师赋予学生"医疗小助手"的职业角色，以介绍"三亲婴儿"培育流程为最终目标。教学主线清晰，学生在胚胎形成过程等理论知识的基础上，参考快速扩大繁殖良种动物的方案，逐步引出体外受精、早期胚胎体外培养、胚胎移植和胚胎分割等技术，最终整合单元知识，完善"三亲婴儿"的培育流程。

2. 充分发挥学生主体地位，营造生生互动的课堂氛围。

本课时教师把课堂的主动权交给学生。在前期准备工作中，全员参与查找资料，充分发挥了学生的主观能动性，培养了团队合作精神，尤其是组长提高了组织协调及资料整合的能力。在这个过程中，学生能查阅到各类图文、视频资料，相较于阅读教科书和教师单方面的讲授，这种方式更有助于学生对知识的理解和内化。小组代表汇报锻炼了学生的表达能力，也营造了生生互动的良好氛围，为课堂增添活力。

3. 注重问题递进设计，发展学生的科学思维。

在本课时的教学中，教师对于体外受精技术和胚胎移植技术的教学处理是：先抛出递进式问题链，再引导学生利用资料进行分析，从而提升了学生的概括归纳能力。教师在教学进程的推进上，逻辑严谨，过渡自然，行云流水，呈现的资料科学、合理、恰当，教学方法多样，且采用了展示法、讲授法、课堂讨论法等多种方法，最终达成了教学目的。

4. 改进建议。

教师对于"胚胎形成经过了受精及早期胚胎发育等过程"概念的教学处理，采用了学生展示法。虽然这种方式相较于教师讲授法能更好地达成教学目标，但建议教师可以提高这一环节的开放性，完全交给学生，并尝试生生互评。教师需进一步提高对课堂的把控力，建议在备课时，充分做好预设，进而从容应对学生的问题，把控好课堂节奏。教师在引导学生讨论的过程中，应以关键词提示为主，给学生更多总结、归纳的机会，充分发挥学生的主观能动性。

（本课时由浙江大学附属中学李娜老师设计和执教）

单元 4

基因工程赋予生物新的遗传特性

一、单元教学分析

基因工程是指按照人们的愿望，通过转基因等技术，赋予生物新的遗传特性，创造出更符合人们需要的新的生物类型和生物产品。从技术操作层面看，由于基因工程是在 DNA 分子水平上进行设计和施工的，因此又称为重组 DNA 技术。基因工程以 DNA 分子的结构、DNA 的复制等内容为基础，包括 DNA 重组技术的基本工具、基因工程的基本操作程序及基因工程的应用等。这部分内容为之后学习生物技术的安全与伦理问题等内容奠定了基础。

学生学习了 DNA 分子结构、DNA 复制、基因重组、基因突变以及基因表达等相关知识，已经具备学习基因工程的理论基础。另外，高二年级学生已有一定的认知能力，思维活跃，探索欲强，乐于实践操作，也愿意沟通交流，这为本单元内容的学习奠定了一定的能力基础。但由于基因工程的原理较为抽象、操作对象微观、操作过程繁杂，学生不容易掌握。因此，教师既要采用讲授、演示的方式进行教学，更要尽可能为学生提供实验条件及必要的参考资料，指导其设计和进行实验，例如：设计和开展 DNA 粗提取和鉴定实验、PCR 扩增 DNA 片段及凝胶电泳鉴定实验，或者运用软件进行虚拟 PCR 实验等，帮助学生达成对大概念"基因工程赋予生物新的遗传特性"的理解，促进学生生物学学科核心素养的发展。

二、单元概念解构

本单元聚焦大概念"基因工程赋予生物新的遗传特性"，包括"基因工程是一种重组 DNA 技术""蛋白质工程是基因工程的延伸"两个重要概念，这两个概念是在"亲代传递给子代的遗传信息主要编码在 DNA 分子上""由基因突变、染色体变异和基因重组引起的变异是可以遗传的""发酵工程利用微生物的特定功能规模化生产对人类有用的产品""细胞工程通过细胞水平上的操作，获得有用的生物体或其产品"等概念的基础上形成的，支持概念"生物技术在造福人类社会的同时也可能会带来安全与伦理问题"的学习。本单元这些概念之间的关系如图 4-1 所示。

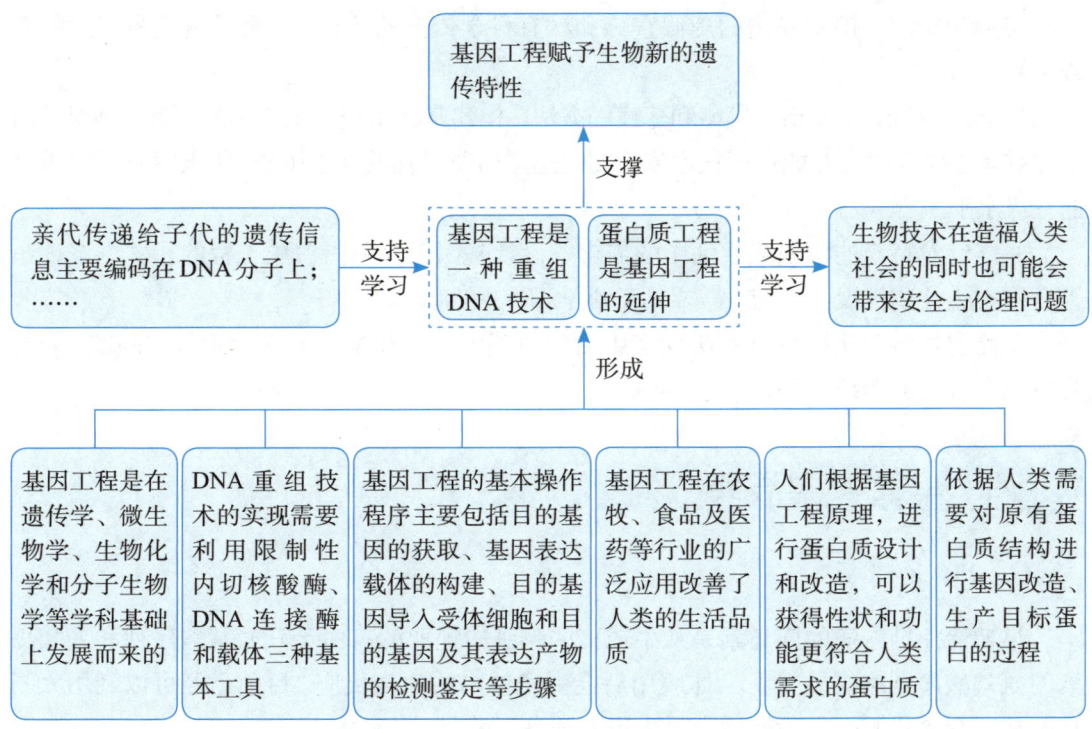

图 4-1 单元 4 相关概念间的关系

三、单元目标

(一)学习目标

1.通过分析基因工程的发展史和模型构建活动,阐明基因工程操作的理论基础、基本工具和基本操作程序;通过辨析胰岛素 3D 模型,借助生物信息数据库,概述蛋白质工程原理和基本操作程序,逐步深化结构与功能观。

2.通过关于基因工程和蛋白质工程的一系列模型构建活动,构建基因工程中基本工具的作用过程和重组 DNA 分子形成过程的物理模型,以及基因工程应用的技术流程、蛋白质工程的操作程序等概念模型,发展模型与建模等科学思维方法。

3.通过总结教科书中相关实验的原理、优化实验方案、仿真模拟实验操作、动手实操以及交流讨论实验结果,发展科学探究能力。

4.通过对日常生活中与基因工程和蛋白质工程有关的社会热点议题的分析,认识科学、技术、社会的相互关系,培养学生对自然和社会的责任感。

(二)评价目标

1.能运用结构与功能观阐明基因工程和蛋白质工程的原理,分析生活生产中与之相关的实例和应用，识别身边的虚假宣传和没有科学依据的传言。需要具备生命观念的四级水平。

2. 能运用归纳与概括、模型和建模的方法，构建基因工程基本工具的模型，阐释基因工程基本操作程序，并能运用技术流程图表达蛋白质工程的基本操作。需要具备科学思维的三级水平。

3. 能针对特定的情境或生活中的需求，设计基因工程或蛋白质工程的相关方案，小组合作实施并积极展开交流。需要具备科学探究的四级水平。

4. 能通过科学实践尝试解决现实生活中与基因工程和蛋白质工程相关的问题。需要具备社会责任的四级水平。

四、单元教学思路

（一）单元情境

早期治疗糖尿病的胰岛素是从牛或猪的胰脏中提取的，由于其氨基酸序列和人胰岛素的氨基酸序列略有差异，人体服用后会引发体内的免疫反应。目前已经可以利用大肠杆菌在装有培养液的发酵罐中大量生产人胰岛素药品。

（二）核心任务

利用大肠杆菌大量生产适合临床治疗的胰岛素制剂。

（三）教学流程

以支撑本单元重要概念所需的次位概念为课时学习主题，课时教学以问题、任务、活动与评价为主线展开。本单元共 8 个课时，教学流程如图 4-2 所示。

单元 4　基因工程赋予生物新的遗传特性

重要概念	基因工程是一种重组 DNA 技术；蛋白质工程是基因工程的延伸

次位概念：
- 基因工程是在遗传学、微生物学、生物化学和分子生物学等学科基础上发展而来的（课时 1）
- DNA 重组技术的实现需要利用限制性内切核酸酶、DNA 连接酶和载体三种基本工具（课时 2）
- 基因工程的基本操作程序主要包括目的基因的获取、基因表达载体的构建、目的基因导入受体细胞和目的基因及其表达产物的检测鉴定等步骤（课时 3、4 和 5、6）
- 基因工程在农牧、食品及医药等行业的广泛应用改善了人类的生活品质（课时 7）
- 人们根据基因工程原理，进行蛋白质设计和改造，可以获得性状和功能更符合人类需求的蛋白质；依据人类需要对原有蛋白质结构进行基因改造、生产目标蛋白的过程（课时 8）

问题：
- 为什么大肠杆菌在导入人胰岛素基因后可产生人胰岛素？
- 将人胰岛素基因导入大肠杆菌需要哪些分子工具？
- 如何将人胰岛素基因导入到大肠杆菌中并使其产生胰岛素？
- 基因工程有哪些应用？
- 如何解决胰岛素制剂易发生聚合的问题？

任务：
- 明确大肠杆菌被导入人胰岛素基因并产生胰岛素的理论基础
- 明确大肠杆菌被导入人胰岛素基因并产生胰岛素的技术基础
- 探究大肠杆菌被导入人胰岛素基因的具体操作流程
- 实施向大肠杆菌被导入人胰岛素基因的实验
- 举例说出基因工程在各个行业的广泛应用
- 运用蛋白质工程改造胰岛素

活动：
- 讨论得出基因工程的理论基础；理解 DNA 粗提取和鉴定实验的原理并完善实验方案，提炼操作要点，验证理论的正确性
- 概述基因工程三种工具的作用；合作构建三种工具的物理模型，阐明三种工具的具体作用特点
- 了解基因工程的基本操作程序；模拟 PCR、电泳、形成重组 DNA 分子的过程，阐释其中原理；合作讨论目的基因导入和检测的方法
- 完善 PCR 扩增 DNA 片段及凝胶电泳鉴定实验方案，并制订评价量表；小组合作实施实验
- 了解基因工程应用于诊断、治疗、研究疾病领域的实例，构建该过程的概念模型
- 总结改造胰岛素的原理和基本思路，设计胰岛素改造操作程序；尝试应用蛋白质工程和基因工程技术联合解决问题

评价：
- 设计和实施 DNA 粗提取和鉴定实验
- 查阅某种基因工程中的工具并描述其作用过程
- 在虚拟实验平台完成考核；描述获得目的基因的方法
- 基于特定情境设计产生人胰岛素的实验方案并实施，撰写实验报告
- 应用模型解释新型冠状病毒核酸检测的原理
- 评析利用蛋白质工程解决实际问题的思路；构建单元概念图

图 4-2　单元 4 教学流程

五、课时教学实例

课时 1　基因工程是在多学科的基础上发展而来的

(一) 课时概念解析

本课时概念为"基因工程是在遗传学、微生物学、生物化学和分子生物学等学科基础上发展而来的",该概念的建构需要以下基本概念或证据的支持:

1. 基因工程是在多个生物学分支学科的基础上发展而来;
2. DNA 的粗提取与鉴定是基因工程中的基本方法。

(二) 课堂实录

教学环节	课堂实录	专业点评
创设单元情境,提出核心问题	呈现资料　早期治疗人糖尿病的胰岛素是从牛或猪的胰脏中提取的,由于其氨基酸序列和人胰岛素的存在差异,人体服用后会引发体内的免疫反应。科学家现在已经能利用大肠杆菌发酵大量生产人胰岛素药品。 核心问题　为什么大肠杆菌在导入人胰岛素基因后可产生人胰岛素?	该情境对学生而言既熟悉又陌生,可极大地激发学生的学习兴趣和动力。
任务1:分析用大肠杆菌合成人胰岛素的可行性	学生活动　通过合作讨论得出基因工程技术的理论基础: ①元素组成:大肠杆菌和人体细胞的元素组成相同; ②物质组成:大肠杆菌和人体细胞物质组成相同,包括糖类、脂质、蛋白质和核酸等; ③细胞结构:大肠杆菌和人体细胞都有细胞膜、细胞溶胶以及都利用核糖体合成蛋白质; ④基因拼接:大肠杆菌和人体细胞都以 DNA 为遗传物质,且 DNA 都是双螺旋结构,都由四种脱氧核糖核苷酸组成; ⑤基因表达:大肠杆菌和人体细胞都遵循中心法则、碱基互补配对原则,共用一套遗传密码。	教师以头脑风暴、归类分析等方式引导学生充分讨论,并将基因工程的理论基础归类成5个维度,可以帮助学生打通新旧知识间的关联,从而发展了归纳与概括的科学思维。
任务2:准备DNA粗提取实验、鉴定实验	过渡　不同生物的 DNA 性质是否相同?我们通过实验进行验证。 呈现资料 资料1:DNA 和蛋白质在 NaCl 溶液中的溶解规律(表 4-1)。 资料2:DNA 溶液是 DNA 以水合状态稳定存在的,当加入乙醇后,乙醇会剥夺 DNA 周围的水分子,使 DNA 失水而聚合,而蛋白质溶于乙醇。 资料3:在酸性条件下加热 DNA,其嘌呤碱基与脱氧核糖间的糖苷键会断裂,从而生成嘌呤碱基、脱氧核糖和脱氧嘧啶核苷酸,脱氧	以资料的形式呈现实验原理,可以锻炼学生的材料分析能力、信息提取能力,发展归纳与概括等科学思维。

续表

教学环节	课堂实录	专业点评
任务2：准备DNA粗提取实验、鉴定实验	核糖又会进一步脱水生成 ω-羟基-γ-酮基戊醛，后者与二苯胺试剂反应生成蓝色物质。 表4-1　DNA和蛋白质在NaCl溶液中的溶解规律 | 物质	溶解规律	2mol/L NaCl溶液	0.14mol/L NaCl溶液
---	---	---	---
DNA	（DNA溶解度随NaCl溶液浓度变化曲线，最低点在0.14 mol/L）	溶解	析出
蛋白质	NaCl溶液浓度在从2 mol/L逐渐降低的过程中，蛋白质溶解度逐渐增大	部分发生盐析沉淀	溶解 | **教师提问**　DNA粗提取实验的原理是什么？ **学生活动**　阅读上述资料，小组思考、讨论并总结出DNA粗提取和鉴定实验的原理（表4-2）。 表4-2　DNA粗提取和鉴定实验的原理 | 实验步骤	原理
---	---
提取	DNA在2 mol/L的NaCl溶液中溶解度最大，该浓度的NaCl溶液可作为提取液用于提取DNA
分离	DNA在无水乙醇中溶解度较低，部分蛋白质可以溶解，可利用无水乙醇分离DNA
鉴定	二苯胺与DNA在水溶条件下会出现蓝色显色反应，可用于DNA的鉴定 | **呈现资料**　DNA粗提取的过程： ①选定实验材料并称量，加入2 mol/L NaCl溶液后研磨； ②用漏斗和纱布过滤得到含有DNA的溶液； ③量取滤液，加入两倍体积的冷乙醇溶液； ④静置1～2 min，用玻璃棒轻轻搅拌； ⑤用玻璃棒将DNA沉淀转移至试管底部； ⑥量取二苯胺试剂，加入含DNA的试管后95℃水浴加热8 min。 **教师提问** ①这3个实验原理（表4-2）分别在DNA粗提取的哪些步骤中体现？ ②欲探究不同生物的DNA是否相同，需要对DNA粗提取的过程进行怎样的优化？	按照实验原理、实验方案设计、实验实施、实验结果分析等的顺序开展教学，可以让学生经历科学探究的基本过程，习得科学探究的基本思路和方法，提高实践能力。

续表

教学环节	课堂实录	专业点评
任务2：准备DNA粗提取实验、鉴定实验	③本实验有哪些无关变量？如何控制？ 学生活动　思考问题后回答：步骤①和②、步骤③和④、步骤⑤和⑥分别对应提取、分离、鉴定的原理。 生生合作，完善实验方案：选择至少两种材料，步骤5和6需准备两支试管，再设计一组空白对照组。无关变量有温度、材料的使用量等，无关变量需保证相同且适宜。 呈现资料　课前统计的学生想要探究的实验材料的投票结果及试剂盒。 过渡　为了更规范和更科学地开展实验，请同学们观看演示实验，总结操作要点，制订评价量表。 学生活动　观看实验操作视频，合作总结出操作要点，并制订评价量表（表4-3）。	利用互联网工具开展课前活动，既节约了课堂教学时间，又拓展了实验的自主探究空间，调动了学生的主动学习意识。通过观看实验操作视频、讨论实验操作要点和制订评价量表，学生充分发展了归纳与概括的科学思维，也为下一个环节做了铺垫。

表 4-3　DNA 粗提取和鉴定实验评价量表

评价项目	评价环节	评价指标	评分
知识储备及思维	实验方案设计	①在实验原理总结和实验方案设计活动中可以主动举手回答 ②能主动对其他同学遗漏的点进行补充	
实验操作能力	DNA粗提取	①实验样品和试剂称量准确 ②充分研磨	
	DNA纯化	①滤液和酒精称量准确 ②用玻璃棒搅拌时动作轻柔 ③DNA 絮状沉淀明显	
	DNA鉴定	①在指定区域滴加二苯胺试剂 ②称量时戴手套 ③称量完毕后塞紧试管塞	
	实验安全意识	①不嬉笑、不打闹、不拥挤 ②实验废液统一回收 ③实验桌面整洁 ④实验试剂用完就拧紧瓶盖	
合作探究、积极协作		①每位组员都有各自的任务，任务完成情况良好，未出现分工不明的情况 ②每位组员都积极参与组内问题的讨论	

续表

教学环节	课堂实录	专业点评
任务3：实施DNA粗提取和鉴定实验	学生活动　明确组内分工，按照既定的实验方案和评价量表开展实验。其中一位同学作为评价员，观察其他小组的实验操作，根据评价量表评价相应的操作环节。 教师活动　观察学生的实验操作情况。	实验的实施锻炼了学生的动手操作能力，评价的开展进一步强化了学生的规范操作意识。
任务4：分析DNA粗提取和鉴定实验结果	学生活动　各小组展示实验结果，使用评价量表进行生生互评。如组1代表发言：我们选用的材料是荔枝和草莓。在荔枝组的烧杯中观察到了絮状的沉淀，但是沉淀没有凝结并挂在玻璃棒上。在草莓组的烧杯中观察到了可以凝结的絮状沉淀，呈现淡红色。 教师提问 ①为什么荔枝组的絮状沉淀无法凝结？ ②如何验证推测？ ③操作上是否有不规范的地方？ 学生活动　关于问题①和②有学生提出：组1实验中的荔枝组液体量明显多于草莓组，推测无法凝结或许与DNA的浓度有关，可以不同浓度的DNA溶液为材料进行实验验证。关于问题③，有同学提到该组同学的操作存在所取的滤液没有等量、过滤没有彻底等问题。 教师活动　总结：由实验可知，不同生物的DNA都具有相同的性质，可以与二苯胺试剂发生反应。教师借助R语言数据分析软件，将每组同学的综合性表现评价结果转化为可视化的雷达图。	各小组展示、交流和分析实验结果体现了学生的主体地位，有助于锻炼学生的语言表达能力，发展学生的批判性思维。此外，利用信息化工具——R语言数据分析软件将评价结果可视化，使学生更直观地发现了自身的不足之处。
评价任务	评价任务　设计和实施其他生物如动物的DNA粗提取实验和DNA分子鉴定实验。	开放性作业既考查了学生对知识的掌握程度，又提升了学生解决实际问题的能力。

（三）教学反思

本课时的亮点主要体现在三个方面：一是注重对科学、技术和社会相互关系的教育。本单元围绕利用大肠杆菌合成人胰岛素开展教学，有效地激发了学生的学习兴趣，加深了学生理解生物学技术与社会发展之间的联系，提升了社会责任感。二是组织以探究为特点的"主动—合作"学习。课前利用互联网平台投票，学生自主选择想要探究的实验材料，这增强了学生的实验自主性。课上先引导学生自主学习基因工程的理论基础，然后合作讨论DNA粗提取和鉴定实验的实验原理，优化实验方案，总结实验操作要点，最后合作实施实验，这在很大程度上提升了学生主动学习和合作学习的意识。三是教学评价方式创新。本课时引入了评价量表，用于指导实验操作和评价实验操作行为表现，再借助R语言数据分析软件将评价结果当堂反馈给学生，以达成以评价促学习、促教学的目的。

本课时存在的不足之处：本课时要求学生阅读大量的实验资料，对阅读和获取信息能力的要求较高。组织学生讨论实验步骤和制订评价量表的过程耗时长，并且学生的发散性思维易导致自身迷失重点，因此再次教学时可以利用一些引导性问题帮助学生抓住重点。

（四）总体评析

本课时的主要内容是基因工程的理论基础、DNA 粗提取和鉴定实验。本课时是本单元教学中的第一课时，是学生后续学习基因工程基本工具、基本操作程序等内容的基础。本课时的教学设计和课堂实施表现出以下特点：

1. 合理重组教科书，优化课堂教学。

本课时的教学内容理论性强，教师将"DNA 的粗提取和鉴定"活动前置，并将实验目的调整为探究不同生物的 DNA 是否具有相似性，这增加了活动的探究性，且该活动贴近学生的生活实际，趣味性强，能更好地引导学生主动参与学习。学生通过本课时的学习，不仅掌握了 DNA 的粗提取和鉴定实验操作技能，还经历了科学探究的一般过程，强化了规范操作意识，为后续开展基因工程实验奠定了基础。

2. 注重学生的主体性，凸显表现性评价。

本课时基因工程的理论基础在必修模块已有涉及，因此教师设计了独立思考、合作讨论、自主选择材料、设计实验方案、合作探究、分析实验结果等多种形式的学生活动，凸显了学生的主体地位。其次，在"DNA 的粗提取和鉴定"活动中，教师先引导学生合作设计评价量表，然后组织学生自主使用评价量表指导实验操作，最后再次使用评价量表评价各组的表现，凸显了过程中的表现性评价，真正落实了"教—学—评"一体化。

3. 依托数据分析软件，提高评价的时效性。

课堂教学评价任务是提高课堂教学质量，改进教学行为，促进学生学习和发展的重要手段。教师采用了 R 语言数据分析软件快速地对学生的知识储备、实验技能、合作探究等方面进行了评价，并转换为可视化的雷达图，使学生能直观、及时地了解自身的综合表现，从而及时地进行调整和改进。

4. 改进建议。

本课时的资料以文字为主，这一定程度上增加了学生阅读的难度，对学生的学习兴趣和热情造成了负面影响。因此，建议资料呈现形式可以更加多元、丰富和新颖。本课时的内容对知识储备的要求较高，建议教师在课前组织学生回顾旧知，进而提高课堂效率。

（本课时由杭州第十四中学杨正纲老师设计和执教）

课时 2　对 DNA 进行剪切、连接和复制是实现 DNA 重组技术的基础

（一）课时概念解析

本课时概念为"DNA 重组技术的实现需要利用限制性内切核酸酶、DNA 连接酶和载体三种基本工具"，该概念的建构需要以下基本概念或证据的支持：

1. DNA 重组技术的实现需要对 DNA 进行剪切；
2. DNA 重组技术的实现需要对 DNA 进行连接；
3. DNA 重组技术的实现需要对 DNA 进行复制。

（二）课堂实录

教学环节	课堂实录	专业点评
关联单元情境，提出核心问题	关联单元情境　基于单元情境，承接上一课时学习内容，引出 DNA 重组实验的实现还需要一些工具，并呈现人胰岛素基因在 11 号染色体上的位置及大肠杆菌的结构示意图。 核心问题　将人胰岛素基因导入大肠杆菌需要哪些分子工具？	本环节围绕单元情境创设课时情境，提出了本课时需要解决的问题，激发了学生的探究意识。
任务 1：探索分子工具 1——限制性内切核酸酶	呈现资料　1970 年，阿尔伯等科学家从大肠杆菌中分离得到一种酶，命名为 EcoRI。它可以识别 DNA 上由 6 个核苷酸对组成的序列，并能特异性地剪切 G 和 A 两个核苷酸之间的磷酸二酯键，而两条链碱基对之间的氢键会自行断裂，最终从内部将 DNA 切断成两个 DNA 分子。 学生活动　阅读以上资料，利用代表 EcoRI 的小剪刀和表示 DNA 片段的纸条，模拟限制性内切核酸酶 EcoRI 识别和切割 DNA（图 4-3）的过程并展示。 图 4-3　DNA 模型 师生小结　限制性内切核酸酶的作用特点： ① 识别特定核苷酸序列（专一性）； ② 从特定部位（识别序列内部或旁边）的两个核苷酸之间切开，需要"切两刀"，即断裂两个磷酸二酯键；	教师引导学生对科学史进行了分析、思考，并从中抽提出限制性内切核酸酶的本质特征，再具象为物理模型，使学生经历了运用模型与建模的科学思维方法认识事物本质的过程。

73

续表

教学环节	课堂实录	专业点评
任务1：探索分子工具1——限制性内切核酸酶	③氢键会自动断裂，不需要限制性内切核酸酶。 呈现资料　此后科学家陆续在原核生物中发现了很多类似酶，自由生存的细菌和古细菌中似乎都有。目前已经分离到 4400 多种，常用的有 200 多种，如 *Bam*HI 和 *Sma*I。 学生活动　在纸条 DNA（图 4-3）中找出上述两种酶的识别序列，并用分别代表 *Bam*HI 和 *Sma*I 的剪刀模拟切割过程并展示。 师生小结　限制性内切核酸酶概念：能够识别双链 DNA 上特定的一小段核苷酸序列，并催化其中特定的两个核苷酸之间的磷酸二酯键水解，使得 DNA 双链在特定的位置断开。断裂后的 DNA 末端分为两种：如果末端有凸出的单链部分称为黏性末端，如果 DNA 末端没有单链部分则称为平末端。	
任务2：探讨分子工具2——载体	过渡　如何将切下来的目的基因运输到受体细胞中？ 呈现资料　1950 年，美国生物学家乔治·莱德伯格发现了质粒。这是一种大小在 1～200 kb 的环状 DNA 分子，独立于细菌拟核，具有自我复制能力，还能在细菌间转移。由于质粒的发现和其在细菌基因重组中的功能，莱德伯格获得了 1958 年的诺贝尔生理学或医学奖。 呈现资料　质粒与病毒一样，都能进行自我复制、快速繁殖；其次，它们都能赋予宿主一定的表型，引发性状改变。但两者的区别也很明确：一般的病毒都有两个到三个组成成分：RNA 或 DNA、蛋白质、脂质（部分病毒没有），是寄生于生命体甚至非生命体的入侵有机物种。而质粒只有一种成分即 DNA，是细胞的组成部分。 教师提问 ①质粒可以作为将基因"运输"入受体细胞的工具吗？为什么？ ②怎样才能连接由限制性内切核酸酶切割得到的目的基因？ 学生活动　小组讨论后得出：质粒具有自我复制的功能，可以作为工具。如果要让目的基因和质粒进行连接，那么要先用限制性内切核酸酶将其切割成链状。 教师提问　若目的基因用 *Eco*RI 切割，质粒要用什么酶切割？ 学生活动　思考并回答以上问题。 教师小结　作为工具，需要有复制起点、一种或多种限制酶的识别序列，还需要有标记基因。 呈现资料　两把剪刀（分别代表 *Eco*RI、*Bam*HI）、3 个序列不同的纸环（代表 3 种质粒）、一张标注"目的基因"的纸带（代表含有目的基因的 DNA）（图 4-4）。 学生活动　各个小组自主选择质粒、酶，构建重组质粒模型并展示。 师生小结　质粒和限制性内切核酸酶的选用策略：限制性内切核酸酶的切割位点应避开质粒关键区域，如复制起点、标记基因。	教师通过资料分析、问题探讨的形式引导学生从功能与结构相适应的视角理解载体的特征，深化结构与功能观；通过组织学生构建重组质粒物理模型，发展其模型与建模的科学思维。该环节充分体现了学生在课堂上的主体地位。

续表

教学环节	课堂实录	专业点评
任务2：探讨分子工具2——载体	图4-4 标注"目的基因"的纸带	
任务3：探讨分子工具3——DNA连接酶	**过渡** 若质粒和目的基因的黏性末端互补配对形成了氢键，这个重组DNA分子就完整了吗？重组DNA分子还存在磷酸二酯键的缺口，需要借助第三个分子工具DNA连接酶形成磷酸二酯键。 **学生活动** 将构建的重组DNA分子连接完整并分享。 **教师提问** 平末端的目的基因和质粒（图4-5）可否用DNA连接酶连接？请说明理由。 图4-5 具平末端的基因和质粒 **学生回答** 理论上可以连接，因为缺的也是磷酸二酯键。 **师生小结** DNA连接酶的概念：可以将不同来源的两个DNA分子（需具有完全互补的黏性末端或者平末端）的双链通过磷酸二酯键分别连接起来，形成一个稳定的重组DNA分子。	承接上一环节搭建的质粒模型，教师组织学生探究了质粒与目的基因连接所需分子工具的特点及其作用原理，进一步发展了学生的模型与建模科学思维。
评价任务	**学生活动** 观看构建重组质粒的视频，学生代表上台一边观看一边讲述构建重组质粒的具体过程。 **教师小结** 随着生物技术的飞速发展，目前用于实验研究、医疗检测、农业生产领域的"分子工具"的种类越来越多。请以小组为单位查阅某种"分子工具"并制作成报告后进行分享。	学生通过观看视频实现了对概念的整体理解，基于课后作业可以进一步认识到科技的力量。

（三）教学反思

本课时的亮点主要体现在三个方面：一是合理设计一系列模型构建活动，发展学生的科学思维。本课时中的每个任务都是先通过资料或者问题链帮助学生抽提原型的本质特征，再引导其自主、合作构建模型，符合学生的认知规律和思维发展规律。二是注重自主探究学习，突出学生主体地位。本课时设计了不同种类的限制性内切核酸酶和质粒，由学生自主探索，概括出定义和规律。三是重视主干的结构化与整体性。本课时的最后呈现了限制性内切核酸酶、DNA 连接酶、质粒三种工具协调配合形成重组 DNA 分子的视频，并由学生来讲解，这在一定程度上帮助学生从整体上理解了三大工具的联系，促进其知识的结构化。

本课时存在的不足之处：本课时学生需要进行多次"剪纸""胶带粘贴"等活动，单一的形式容易造成学生兴趣索然。根据学生表现情况，课堂中后段的建模活动需要改变建模方式，如换成游戏的形式，以保证课堂教学效果。

（四）总体评析

本课时的教学内容是 DNA 重组技术的实现需要利用限制性内切核酸酶、DNA 连接酶和载体三种基本工具，是本单元的第二课时，起到了承上启下的作用。本课时的教学设计和课堂实施表现出以下特点：

1. 重视课程的整体性与连贯性。

本课时教师紧扣单元情境，展示了人胰岛素基因在人体细胞中的位置和大肠杆菌细胞结构示意图，提出了"将人胰岛素基因导入人大肠杆菌需要哪些分子工程"这一问题。围绕该问题设计了问题串，层层递进，在问题逐步解决的过程中，学生逐步建构基因工程 3 个分子工具的概念。教学从头至尾，主线清晰，一气呵成。

2. 关注学生主体，优化学习方式。

教师以活动的方式有效引导学生充分参与课堂，如：分析发现限制性内切核酸酶、DNA 连接酶、质粒的科学史，构建限制性内切核酸酶、DNA 连接酶作用过程的模型和质粒结构的模型，以及给重组质粒构建过程的视频配音等活动，学生在活动过程中完成了概念的自主建构。同时，学生也在活动过程中发展了模型与建模的科学思维和分析资料的科学探究能力。

3. 聚焦核心概念，落实核心素养。

本课时紧紧围绕课时概念的建构展开教学。教师首先设计了 3 个任务引导学生进行模型构建活动，并运用归纳与概括、模型与建模等科学思维方法分别建构了限制性内切核酸酶、载体、DNA 连接酶 3 个事实性概念；组织学生自主查阅资料，交流和分享某一具体分子工具如某种限制性内切核酸酶的具体作用及特点等，可以帮助学生进一步领悟和应用概念，发展生物学学科核心素养。

4. 改进建议。

在建模活动中，部分小组进行了分享，教师较多地关注这部分学生的表现，评价缺乏客观性。建议可以引入多媒体技术，各组将建模过程摄影保存并分享，教师再对每个小组、每位学生进行客观的评价。

（本课时由杭州第十四中学杨正纲老师设计和执教）

课时3、4 基因工程可使生物获得新的遗传特性（1）

课堂实录

（一）课时概念解析

本课时的概念为"基因工程的基本操作程序主要包括目的基因的获取、基因表达载体的构建、目的基因导入受体细胞和目的基因及其表达产物的检测鉴定等步骤"，该概念的建构需要以下基本概念或证据的支持：

1. 基因工程基本程序的第一步是获取目的基因；
2. 基因工程基本程序的第二步是构建基因表达载体；
3. 基因工程基本程序的第三步是将目的基因导入受体细胞；
4. 基因工程基本程序的第四步是检测和鉴定目的基因及其表达产物。

（二）课堂实录

教学环节	课堂实录	专业点评
课前任务	学生活动　依托国家虚拟仿真实验平台选择自己感兴趣的基因工程实践方案进行虚拟实验操作。了解基因工程的基本操作流程，并分享疑问。	虚拟操作能使微观、抽象的实验过程变得直观、清晰。
关联单元情境，提出核心问题	创设情境　基于单元情境"大肠杆菌生产人胰岛素"，承接前面课时内容。 核心问题　如何将人胰岛素基因导入到大肠杆菌中并使其产生胰岛素？	课时情境围绕单元情境展开，有助于学生构建完整的知识体系。
任务1：抽提基因工程基本程序	呈现资料　微生物制药、转基因斑马鱼以及转基因水稻的虚拟实验流程。 学生活动　对上述3个基因工程实验流程进行横向比较，在教师的帮助下得出基因工程包含以下4个程序： ①获取目的基因； ②构建重组DNA分子； ③将重组DNA分子导入受体细胞； ④检测目的基因是否导入受体细胞并成功表达。	自主总结、抽提基因工程基本程序有利于学生构建清晰的知识框架，进一步明确本课时的学习目标，同时发展了归纳与概括等科学思维。
任务2：PCR扩增获取目的基因	过渡　在课前虚拟操作过程中，同学们对各操作环节还有不少疑问，今天我们就来分步骤解决。 呈现资料 资料1：人胰岛素基因只位于第11号染色体的短臂上。 资料2：2022年4月1日，第一个完整的、无间隙的人类基因组序列发布：1个人类基因组大约拥有30亿个碱基，编码蛋白质的基因约2万个。 资料3：限制性内切核酸酶识别序列通常是4～8个核苷酸对，庞	教师从学生的问题出发收集和整合了各种资料，帮助学生主动探索寻求答案。学生经历知识的发现过程、概念的建构过程，感受到了探究的快乐，大幅度提高了学习动机、学习兴趣。

77

续表

教学环节	课堂实录	专业点评
任务2：PCR扩增获取目的基因	大的基因组中通常有多个它们的识别和切割位点。 **教师提问** 可否直接从人体细胞中酶切得到大量的胰岛素基因？ **学生活动** 阅读资料后回答：不能。因为人体细胞中胰岛素基因少，直接酶切的产物混杂，难以纯化。 **呈现资料** 细胞内DNA复制的过程示意图。 **教师提问** DNA复制模板、原料、解旋和延伸过程所需要的酶分别是什么？ **学生活动** 思考后回答：模板是DNA双链，原料是4种脱氧核苷酸，解旋需要解旋酶，延伸需要DNA聚合酶。最后在教师的引导下得出DNA复制还需要引物这一结论。 **呈现资料** "PCR扩增过程"视频。 **教师提问** 类比DNA复制，PCR模板、原料、解旋和延伸过程所需的酶分别是什么？有何区别？ **学生活动** 认识到PCR相当于体外DNA复制，区别是用加热取代解旋酶的作用。 **教师追问** ①在PCR中，DNA聚合酶有什么特点？ ②PCR引物的设计依据是什么？ ③假设模板DNA有N_0个，循环n次，会产生多少个DNA分子？ **学生活动** 带着以上问题再次观看"PCR扩增过程"视频。 **呈现资料** 5种不同序列的DNA片段（图4-6），表示PCR的扩增产物。 **学生活动** 小组合作探究PCR前三轮循环的产物并展示。 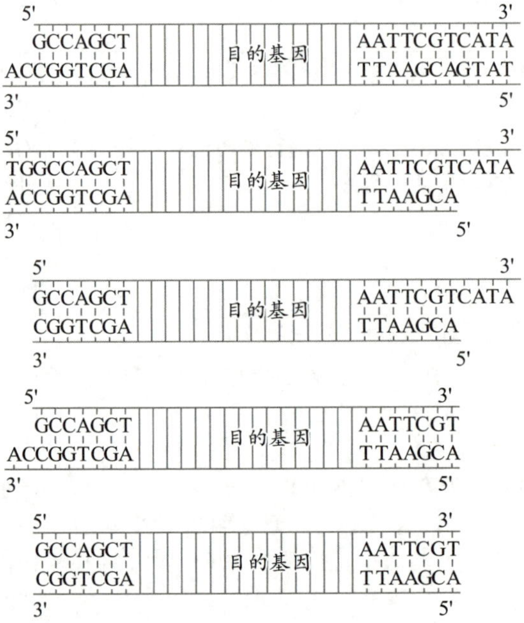 图4-6 5种不同序列的DNA片段	

续表

教学环节	课堂实录	专业点评
任务3：利用琼脂糖凝胶电泳鉴定目的基因	过渡　PCR可以将目的基因在短时间内进行大量扩增，但是产物中混有模板、目的基因等DNA片段。如何获得纯净的目的基因片段？ 学生活动　回顾光合色素提取和分离实验的原理及其所用介质和观察指标。 呈现资料　"琼脂糖凝胶电泳技术"视频。 学生活动　通过观看视频和阅读教科书得出琼脂糖凝胶电泳技术的原理，及其所用介质和观察指标。 将三种PCR扩增产物与凝胶位置进行连线。在教师解释marker后思考：若目的基因大小为20 kb，则可用图4-7中的哪个条带表示？相互讨论后得出正确答案。 图4-7　PCR扩增产物及凝胶位置	教师将静态的文本资料和动态的视频资料有机结合后呈现给学生，让学生观察分析、直观体验琼脂糖凝胶电泳技术的原理，充分锻炼了学生的资料分析能力。
任务4：构建基因表达载体	过渡　关于基因工程的第二环节，同学们的主要问题仍然集中在操作原理上。正如同学们所疑惑的，真实实验时多个目的基因和多个载体会在同一装置中同时被酶切，然后连接。 教师提问　连接时一定是一个目的基因和一个质粒吗？请用模型表示出连接的所有可能。 呈现资料　学生用EcoRI酶切得到的多个目的基因和质粒的模型（图4-8）。 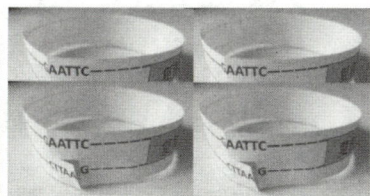 图4-8　目的基因和质粒的模型 学生活动　各小组自主选择，用透明胶带表示DNA连接酶进行片段重组，尽可能多地呈现重组产物。 师生小结　可能有目的基因自连、质粒自连、目的基因和目的基因相连、目的基因和质粒反向连接等多种可能。	承接上一课时任务，延续模型构建活动，突破了课时限制，学生进行了整体性学习。在此过程中，学生的学习方法、思维方式等得到了持续强化，最终实现了思维品质和关键能力的螺旋上升。

续表

教学环节	课堂实录	专业点评
任务4：构建基因表达载体	教师提问　如何避免形成错误的重组DNA分子？ 学生活动　在教师的引导下，关注到目的基因和质粒还存在其他酶切位点，讨论得出双酶切法，再用模型进行解释。 教师提问　如果想让目的基因既能复制又能表达，载体还需要具备哪些功能组件？ 学生活动　依据基因表达过程，在重组质粒模型上标注启动子和终止子。	
任务5：将目的基因导入受体细胞	学生活动　各个小组的代表上台分享虚拟实验方案中的导入方法（图4-9）。 教师提问　这些方法可以相互混用吗？ 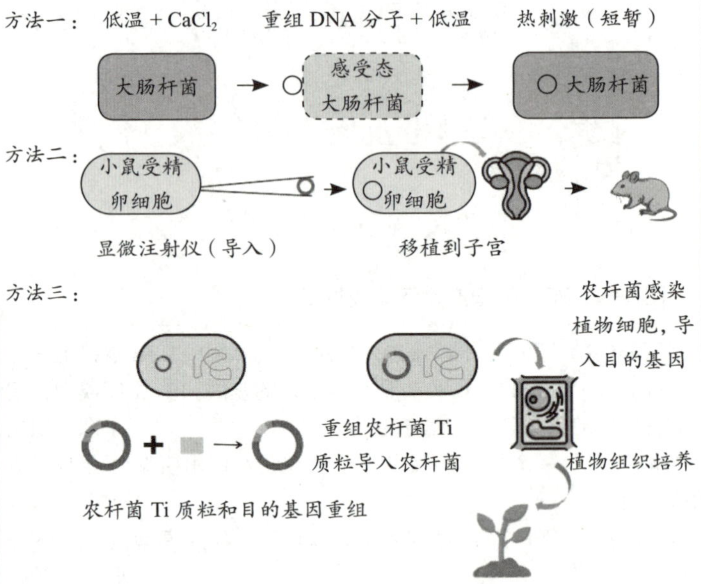 方法一：低温+$CaCl_2$　　重组DNA分子+低温　　热刺激（短暂） 大肠杆菌 → 感受态大肠杆菌 → 大肠杆菌 方法二： 小鼠受精卵细胞 → 小鼠受精卵细胞 → 移植到子宫 显微注射仪（导入） 方法三： 农杆菌Ti质粒和目的基因重组 → 重组农杆菌Ti质粒导入农杆菌 → 农杆菌感染植物细胞，导入目的基因 → 植物组织培养 图4-9　目的基因导入受体细胞的方法 学生活动　讨论得出：显微注射法可以相互混用，其他方法不可行。	教师引导学生自主收集资料并分享，充分调动了学生的学习积极性和主动性，提升了学生的语言表达能力。
任务6：目的基因表达产物的检测鉴定	过渡　将重组DNA分子导入受体细胞，一定能成功吗？ 学生活动　观察重组质粒各部分功能元件，得出可以利用标记基因筛选导入了重组质粒的受体细胞。 教师提问　是否还有更精准的鉴定方法？ 学生活动　在教师的引导下，学生讨论后提出：PCR扩增和凝胶电泳分离、纯化两项技术若联合，则可以鉴定目的基因是否存在于受体细胞中。 教师提问　筛选出成功导入目的基因的受体细胞，是否就确保能获得目标产物？	教师通过分析学生在大逻辑架构下的疑问提出问题串，引导学生运用所学知识和技能去解决疑问，促进了学生知识和思维的协同发展。

续表

教学环节	课堂实录	专业点评
任务6：目的基因表达产物的检测鉴定	**学生活动** 思考讨论问题。有学生想到高度分化的细胞其基因会发生选择性表达，并非有了基因就一定会表达，所以还需要进行表达产物的鉴定。 **呈现资料** 中心法则示意图。 **教师提问** 如何鉴定表达产物？ **师生活动** 学生讨论后得出：可检测是否产生了相应的 mRNA 和蛋白质。教师进一步补充个体性状是否表现也可以作为鉴定依据。	
评价任务	**学生活动** 进入本组实验方案所对应的虚拟实验操作考核模式，进行操作考核。 **评价任务** 寻找虚拟实验操作程序中的其他资源，了解各个环节的其他方法并用流程图表示、分享。	本任务既评价了学生对知识的掌握情况，亦可帮助学生认识科学、技术、社会的相互关系。

（三）教学反思

本课时的亮点主要体现在三个方面：一是将虚拟仿真实验融于教学。本课时依托国家虚拟仿真实验平台，让学生在课前、课后都便捷地开展各类基因工程实践方案，弥补了真实实验的时空局限性。后续再将其与真实实验结合，保证了实验的真实性。两者结合，发挥它们各自的优势，有效提高了学生的实验探究能力。二是高度关注学生科学思维的发展。本课时中的多数环节以科学史或多媒体资料为素材，学生通过分析剔除其中无关紧要的细节，抽提原型的主要特征，最后用实物模拟的方式构建模型。这样持续的、既动手又动脑的活动有效推进了学生科学思维的发展。三是注重科学、技术、社会相互关系的教育。本课时设计了开放性的实践活动作为课后任务，学生需运用习得的知识理解基因工程在生产实践中的应用，感受生物科学技术和社会关系的密切联系。

本课时存在的不足之处：本课时知识点繁杂，内容抽象，对学生思维以及分析能力的要求较高。囿于课时的限制，基因工程技术每个步骤涉及的方法只能有所侧重，部分环节的知识点也仅能点到为止。

（四）总体评析

本课时的学习内容是基因工程基本操作程序的理论部分，是本单元前两个课时内容的延续，是后续实验实施的理论支撑。本课时的教学设计和课堂实施表现出以下特点：

1. 借助互联网技术，拓展教学空间和时间。

基因工程基本操作技术的原理抽象且操作对象微观、过程烦琐，是本课时的难点。课前学生开展虚拟实验，初步了解了基因工程的操作流程；课后学生虚拟基因工程基本操作技能的考核，巩固了所学知识和技能。这种方式既节约了课堂教学时间，提高了课堂教学效果，又解决了传统实验教学空间和时间的局限性。

2. 实施"总—分—总"式教学，助推生命观念的形成。

教师采用"总—分—总"的教学设计思路设计了七大任务，任务分别对应基因工程的四大程序逐步展开，最后通过查阅资料构建某一应用实例中基因工程基本操作程序的流程图，促使学生将一个个独立的知识系统化、结构化、体系化。当学生脑海中众多的知识聚合成具有内在联系、稳定的认知网络结构时，这些知识就升华成了生命观念。

3. 开展多样的活动，助力学生思维进阶。

本课时学生活动多样，活动设计注重学生的思维进阶。任务1中学生通过观察比较、合作讨论不同基因工程实例，运用归纳与概括等方法得出基因工程基本操作步骤；任务2和任务3中学生通过资料分析、视频观看、问题探讨合作构建出PCR三次扩增产物的模型和琼脂糖凝胶电泳的结果，提升了模型与建模的科学思维；任务4中学生先用模型表示所有可能的连接产物，然后通过合作讨论进行修正和完善，发展了批判性思维；任务5和6中学生自主交流并分享导入受体细胞的方法，运用已有的知识自主讨论目的基因及其表达产物的鉴定方法，启发了创造性思维。

4. 改进建议。

本课时涉及的知识体量较大，部分内容在课堂上没有充分展开。因此，建议教师将未深入探讨的知识点以探究性问题的方式呈现在课后任务中，帮助学生进一步深化对知识的理解，进一步完善知识体系。

（本课时由杭州第四中学岳潇轩老师设计和执教）

课时5、6　基因工程可使生物获得新的遗传特性（2）

课堂实录

（一）课时概念解析

本课时的概念为"基因工程的基本操作程序主要包括目的基因的获取、基因表达载体的构建、目的基因导入受体细胞和目的基因及其表达产物的检测鉴定等步骤"，该概念的建构需要以下基本概念或证据的支持：

1. PCR是一种体外扩增特定基因或DNA片段的技术，可获得大量目的基因或DNA片段；

2. PCR产物可利用电泳技术进行鉴定，该技术是分离、鉴定、纯化核酸的常用方法。

（二）课堂实录

教学环节	课堂实录	专业点评
课前任务	提供文献　《PCR-DGGE 法分析酸菜中酵母菌微生物的多样性》和《PCR-DGGE 法分析泡菜中酵母菌微生物的多样性》。 提出问题　文献中酵母菌菌种分子鉴定的原理是什么？为什么通过扩增酵母菌 26S rDNA 对菌种进行鉴定？如何扩增得到酵母菌 26S rDNA？ 学生活动　以小组为单位阅读文献，思考问题，并分享于班级群中。经过讨论总结得出：酵母菌 26S rDNA 既含有高度保守的序列区域，又有中度保守和高度变化的序列区域。可变区序列因酵母菌不同而不同，恒定区序列基本保守，所以可利用恒定区序列设计引物，再将其中的可变区片段扩增出来，利用可变区序列的差异来对不同菌属、菌种的酵母菌进行分类鉴定。总结文献中利用 PCR 扩增酵母菌 26S rDNA 的具体方案以及相关的实验器材。 教师活动　录制移液器、PCR 仪、电泳仪等仪器的操作视频，并上传至学校信息化应用平台。 学生活动　观看教师录制的视频，学习各种仪器的使用方法。每个小组派代表组成两个预实验小组，一组同学使用文献中的 PCR 扩增方案进行预实验，另一组同学使用教科书中的 PCR 扩增方案进行预实验。 教师活动　帮助两个预实验小组购买试剂、调试仪器、开展预实验。 学生活动　讨论归纳各种仪器的操作要点，在教师的帮助下补充课前预习、实验安全意识和合作探究等方面的评价指标，最终形成可用于指导和评价实验的评价量表（表 4-4）。	学生在课前已完成了部分任务，在课上也充分地进行了动手实验。预实验可有效提高学生的学习积极性和实验操作能力，评价量表制订过程也是学生对实验操作要点的内化过程。

表 4–4　PCR 扩增 DNA 片段及凝胶电泳鉴定实验评价量表

评价项目	评价环节		评价指标	评分
知识储备	课前预习、结果讨论		①在虚拟平台考核模式中考核优秀 ②在紫外灯照时下，marker 条带清晰，且能看到样品条带的有无 ③结果分析准确，能提出引发思考的问题	
实验操作	PCR	加样操作	①戴手套，对 PCR 管进行编号 ②正确使用移液器向 PCR 管准确加入 5 种试剂，枪头每次更换 ③试剂瓶用后盖盖，PCR 管盖严 ④离心混匀，离心时对称放置	
		仪器操作	①PCR 仪开机 ②准确设置并开始 PCR 程序 ③PCR 管放置位置准确	

续表

教学环节	课堂实录					专业点评
课前任务	续表					
	评价项目	评价环节		评价指标	评分	
	实验操作	电泳	制备凝胶	①凝胶无气泡 ②加样孔整齐光滑 ③添加染料		
			上样操作	①熟练使用移液器对样品和1个marker进行上样 ②能熟记样品位置 ③样品未从加样孔逸出 ④加样时未破坏加样孔		
			仪器操作	①电泳缓冲液高出凝胶3～4 mm ②凝胶放置时加样孔近负极 ③正负极、电压设置完全正确		
			凝胶观察	①熟练打开凝胶成像系统及分析软件 ②凝胶加样孔靠里放置于照射箱中 ③打开紫外灯观察条带 ④观察后要关闭紫外灯		
		实验安全意识		①不嬉笑不打闹 ②实验废弃物置于废液缸 ③实验试剂用完归位 ④实验结束后桌面整洁		
		合作探究		①每位组员任务清晰，任务完成良好 ②每位组员积极参与组内讨论		
关联单元情境，提出核心问题	创设情境　基于单元情境"大肠杆菌生产人胰岛素"，承接前面课时的内容。在实验研究和生产应用中如何实施实验？ 核心问题　如何将人胰岛素基因导入到大肠杆菌中并使其产生胰岛素？					课时情境围绕单元情境展开，有助于学生构建完整的知识结构化体系。
任务1：完善实验方案	学生活动　预实验小组学生代表介绍实验方案如何改进，为何需要改进，完善后的实验方案如下： 预实验小组学生代表分享实践经验： ①教科书方案预实验组： 根据教科书中的引物确定PCR扩增的是酵母菌5.8S rDNA部分序列，扩增出的片段大小约841bp。5.8S rDNA与酵母菌26S rDNA类似，可用于酵母菌菌种的鉴定，因为它的相对分子量大小适中，所以更加便于进行序列分析。不足之处：PCR直接扩增酵母菌细胞悬液效果不是很好；电泳后凝胶用亚甲基蓝溶液进行染色效果不明显，且耗时长。					教师引导预实验小组学生交流分享课前活动成果，可以提高学生的语言表达能力、实验方案设计能力和逻辑思维能力。其他学生能迅速明晰后续的实验内容，为小组实验的顺利开展提供了保障。

续表

教学环节	课堂实录	专业点评
任务1：完善实验方案	②文献方案预实验组： PCR扩增的是酵母菌裂解液，效果很好。配制凝胶时直接添加核酸染料，再用凝胶成像系统观察，结果明显。另外，PCR反应体系直接购买市售的酵母菌PCR混合液，虽然成本较高，但可在极大程度上提升PCR反应体系配制的速度，节约了实验时间，也在一定程度上避免了加样环节的操作误差。 **教师提问**　综合预实验小组的实践经验，最好选择哪个DNA片段进行扩增？以什么为扩增模板？根据实验室经费和现有仪器，选择哪种PCR试剂？采用什么方法对凝胶进行染色？ **学生活动**　各小组相互讨论，最终确定适合在我们学校实验室开展的最佳方案：以酵母菌5.8S rDNA为扩增对象，以酵母菌裂解后的总DNA为扩增模板，购买酵母菌PCR混合液用于配制PCR反应体系，购买核酸染料用于染色。	
任务2：实施实验方案	**教师活动**　呈现师生课前共同制作的评价量表，提醒学生应以其中的评价指标指导各个环节的实验操作。安排预实验小组的学生为小组长和评论员，小组长的职责是统筹安排整组的实验活动，评论员的职责是用评价量表评价本组和其他组同学的表现，其他组员的职责分别为实验操作、数据处理、实验结果汇报。 **学生活动**　在小组长的带领下，明确分工，协同实施实验。在两个较为耗时的仪器——PCR仪和电泳仪运行期间，各组评论员进行组内和组间的阶段性评价和过程性评价。 **教师活动**　总结操作上的共性问题，并进一步强调用评价量表的各项指标指导实验操作可避免很多失误的发生。 **学生活动**　各小组代表汇报实验结果，分析异常现象，小组之间补充、评价。 **教师活动**　总结各小组分享的实验结论，借助R语言数据分析软件，呈现各组综合得分并评价。	通过小组合作实施实验，学生在掌握实验技能的同时，培养了合作意识和探索精神。学生通过生生互评、自评能更全面地认识自我，从而改进学习方式，强化规范操作意识。
评价任务	**学生活动**　以小组为单位，选择教师提供的特定背景和情境设计"生产人胰岛素"实验方案，实施实验，撰写实验报告。 情境1：1976年，赫伯特·博耶和罗伯特·斯旺森创立了基因泰克公司。此时，全世界的科学家对人的胰岛素基因序列还一无所知。若要合成人胰岛素基因，唯一可行的方法是基于遗传密码的理论，根据人胰岛素氨基酸序列反推其基因序列，然后再采取化学方法合成人胰岛素基因。所幸，人胰岛素氨基酸序列与牛胰岛素的只相差3个氨基酸，与猪胰岛素的更是只相差1个氨基酸。 情境2：后来人们发现大肠杆菌生产的人胰岛素有若干缺陷：①缺少蛋白质的修饰和加工；②蛋白质多以包涵体的形式存在，需要经过复杂的操作才能恢复构象和活性；③杂蛋白很多，纯化麻烦。	教师引导学生运用课上所学的知识解决问题，从而评估学生的学习成果，提升了社会责任感。

续表

教学环节	课堂实录	专业点评
评价任务	于是，就有研究团队用巴斯德毕赤酵母表达系统生产人胰岛素：以现有的人胰腺 cDNA 文库为模板，设计引物，扩增胰岛素基因，构建重组质粒，用电击法转化巴斯德毕赤酵母，再筛选出表达量高的菌株。 情境 3：一个由美国和加拿大科学家组成的研究小组，在实验鼠体内运用基因工程技术将人胰岛素基因导入位于胃部和小肠的 K 细胞中。结果发现，实验鼠能产生人胰岛素，甚至在破坏了胰岛 B 细胞后，新的 K 细胞仍然能阻止实验鼠患上糖尿病，因为新的 K 细胞具备储存和释放胰岛素"所需的机制"。这一成功，意味着从理论上讲，用基因疗法治疗糖尿病是可行的。	

（三）教学反思

本课时的亮点主要体现在三个方面：一是组织以探究为特点的主动学习。本课时以科学史为素材创设了真实的探究任务，引导学生设计和完善实验方案，合作实施实验，学生习得生物学实验基本技能，培养了合作意识和质疑精神。二是注重课内与课外结合。本课时基于科学史设计了具备探究性、开放性的课后任务，体现了学生的主体地位，调动了学生的学习积极性。因该任务耗时较长，所以安排在课外完成，从而让课堂学习延伸到课外，使学习持续发生。三是评价量表促"教—学—评"的落地。本课时课前制订了评价量表，课中使用评价量表指导课堂行为、评价课堂表现。课堂评价的全程跟进保证了学习目标的始终在场，充分发挥了教学评价的价值。

本课时存在的不足之处：PCR 仪扩增目的基因及用电泳仪进行电泳耗费的时间较长。硬件上可以尝试购买更先进的仪器或更改实验材料以缩短时间，软件上如何缩短仪器运行的时间还有待改进，后续我将多尝试、多了解。

（四）总体评析

本课时的学习内容是基因工程基本操作程序的实践部分，是前面理论学习的延续。因基因工程操作对象微观，对学生的操作能力和规范要求较高，所以在课堂教学实施上有一定的难度。本课时的教学设计和课堂实施表现出以下特点：

1.借助实验探究，促进概念教学。

本课时概念的建构最直接有效的方法就是进行实验探究。在实践过程中，学生通过查阅资料完善了实验方案，思考了 PCR 仪程序设置的原理，运用琼脂糖凝胶电泳技术的原理配置凝胶和操作电泳仪，观察和分析了 PCR 扩增产物电泳后的结果，也探讨了异常现象,等等。

2. 结合交互式教学,优化实验教学。

为避免紧张的课堂教学时间影响教学效果,本课时教师将实验教学拆分为课前准备、课堂实验、课后延伸三个环节。课前准备环节,学生通过自主、合作探究的方式查阅资料、购买试剂、完善实验方案、熟悉实验设备,并在教师的带领下开展大量的预实验、优化实验方案和制订评价量表;课堂实验环节,为了解决无法对每个学生进行操作指导的难题,教师安排了预实验小组成员作为每一组的评价员进行指导;为了提高实验课的教学效果,教师将信息技术融入课堂教学,充分运用 Excel 软件、R 语言数据处理软件对实验过程进行了及时的评价。

3. 立足实验教学,注重过程性评价。

学科核心素养是指学生在解决真实情境中的实际问题时所表现出来的价值观、必备品格与关键能力。因此,最匹配的评价方式是解决问题过程中的表现性评价。本课时教师强调过程性评价,突出学生参与实验探究活动的过程,包括对操作技能、参与意识、合作精神、探究能力等的全方位评价。这样的评价有利于学生的发展,有利于激发学生的学习兴趣,使学生学有所成,做有结果,让学习过程充满成就感。

4. 改进建议。

针对本课时的课前任务,教师可适当提供少量资料为学生指明方向,避免了学生耗费过多的时间和精力,从而忽视更重要的任务,如实验原理的应用、实验可行性的分析、试剂器材的选取等。在实验仪器的运行时间内,可以尝试安排学生积极提出和讨论生成性问题,从而激发思维、提高学习兴趣。

(本课时由杭州第十四中学卓芳芳老师设计和执教)

课时 7　基因工程改善了人类的生活品质

课堂实录

(一)课时概念解析

本课时的概念为"基因工程在农牧、食品及医药等行业的广泛应用改善了人类的生活品质",该概念的建构需要以下基本概念或证据的支持:

1. 应用基因工程技术诊断、治疗、研究疾病的领域发展迅速;
2. 应用基因工程技术进行法医鉴定,能保护受害者权益;
3. 应用基因工程技术可培育具有优良性状的农牧业品种;
4. 基因工程技术可用于保护生态环境。

（二）课堂实录

教学环节	课堂实录	专业点评
关联单元情境，提出核心问题	**呈现资料** 1982年，利用转基因大肠杆菌生产的人胰岛素，成为第一个被批准用于治疗人体疾病的基因工程药物。如今，基因工程已经影响到我们生活的方方面面。 **核心问题** 基因工程有哪些应用？	关联单元情境，联系实际生活，提升了学生的社会责任感。
任务1：探讨后共建模型	**学生活动** （课前分组，合作查找基因工程技术在某一领域的应用实例，抽提实例中的技术流程，并按教师要求以组织结构图的形式表示。）各小组派代表汇报基因工程技术的应用实例，其他小组在听汇报的同时，依据表现性评价量表（表4-5）的评分细则，对同学的汇报表现进行评价。 表4-5 汇报过程表现性评价量表 | 项目	表现	基因诊断	基因治疗	基因工程药物	提供模型	法医鉴定	农牧业品种	生态环境
---	---	---	---	---	---	---	---	---
举出实例	正确说出基因工程应用的实例							
基因工程的技术流程图	采用的技术正确							
	使用顺序正确							
	正确标注原理和目的							
	方格和箭头标识清楚							
表达交流	合作完成任务、分工展示和板书							
	声音响亮、清晰表达							| **师生活动** 初步总结基因工程技术应用于七大领域的技术流程图。	学生通过查阅资料，构建基因工程技术应用实例的技术流程模型，发展了结构与功能相适应的观点，关注社会议题；通过利用评价量表进行自评、互评，发展了分析、归纳、批判性思维等科学思维。
任务2：求同存异，完善模型	**学案资料** （1）基因诊断：强直性肌营养不良症（简称"MD"）是成年人肌营养不良症中最普遍的一种，每8000个人中约有1人患病。该疾病的特征是渐进性肌肉退化，由基因突变引起。该基因的正常基因含有5～30个CAG重复拷贝，突变MD等位基因含有50～2000个CAG重复拷贝。现已知MD正常基因和突变基因的全部序列，请设计一个检测方案用于诊断在胎儿细胞的基因组DNA中是否存在突变的MD基因。 （2）基因治疗：经过基因治疗后的个体，如首例重症免疫缺陷病的基因治疗患者，其后代的发病率会不会改变？ （3）基因工程药物：大肠杆菌作为受体细胞时，得到的产物是有生物活性的胰岛素吗？为什么？乳腺作为生物反应器有哪些优点？乳腺生物反应器经过有性生殖产生的后代一定可以产生目标蛋白质吗？ （4）转基因动物模型：与基因治疗有哪些区别？ （5）法医鉴定：基因工程中的DNA指纹技术是鉴定亲缘关系的一种重要手段。因为子女的每对同源染色体各含有从父母那里获得的一份拷贝，所以在进行DNA指纹比较时，子女DNA指纹中的所有条带应是双亲DNA指纹	小组讨论完成学案任务并补充完善概念模型，使学生提升了问题解决的能力，培养了质疑精神。

教学环节	课堂实录	专业点评
任务2：求同存异，完善模型	条带的组合。图 4-10 为用于亲子鉴定的 DNA 分型示意图。请判断甲、乙、丙婴儿的父母分别是哪一对夫妻。 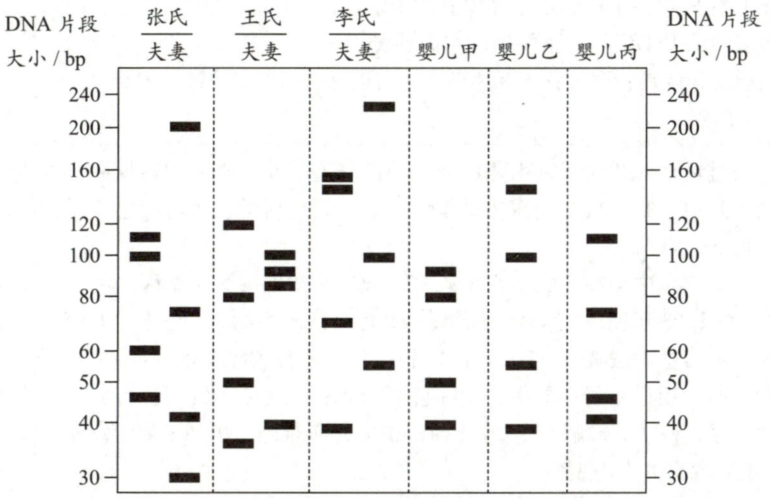 图 4-10　亲子鉴定时 DNA 分型示意图 （6）在培养优良性状的转基因农牧业品种、转基因动物时，受体细胞分别是什么？ 学生活动　小组阅读上述资料，合作讨论问题。在教师的引导下和生生相互质疑的过程中逐步解决问题。	
联系实际，迁移应用模型	过渡　新型冠状病毒感染发生以来，核酸检测成了一个高频词，核酸检测阳性是确诊新型冠状病毒感染的重要标准。 学生活动　小组讨论，回答以下问题： ①核酸检测的原理是什么？请写出技术流程。提示：新型冠状病毒的遗传物质是 RNA。 ②新型冠状病毒的检测方法目前主要有核酸检测法、抗原检测法等，两种方法的效能图如下，下列叙述错误的是（ 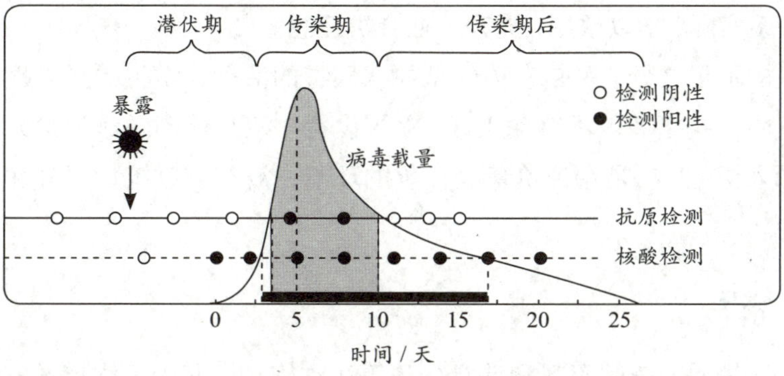　　　　）	学生联系当前社会热点，利用基因工程应用的相关知识解释核酸检测的原理和技术流程，学以致用，提升社会责任感。

续表

教学环节	课堂实录	专业点评
联系实际，迁移应用模型	A. 核酸检测法比抗原检测法更灵敏 B. 抗原检测法更依赖体内的病毒数量 C. 核酸检测呈阴性则可确定个体没有携带病毒 D. 潜伏期和传染期后，均不能使用抗原检测法 ③核酸检测确认是新型冠状病毒感染后，需进行新型冠状病毒基因测序，目的是什么？	
课后任务：讨论基因数据库的发展	过渡　通过新型冠状病毒基因测序而构建的新型冠状病毒基因数据库，能为我们更好地了解和战胜疫情提供重要保障，可见科学技术对社会生活有着非常重要的影响。 呈现资料　包含中国在内的十几个国家一起参与研发的人类基因组测序计划，终于在2003年完成。历经十几年，耗费巨大的人力物力，但是，仍有8%的基因序列信息无法破解。2022年3月31日，世界顶级学术刊物《科学》杂志刊登的一项最新研究显示，国际科学团队首次完成了针对所有人类基因组的测序，科学家们解决了20年前遗留的科研难题，得到了最为完整的"人类组装说明书"（视频）。 学生活动　就议题"人类基因组计划的利与弊"，自己选择观点，自行组队，展开辩论。	视频可以让学生感悟到科技是不断进步和发展的过程。课后的辩论任务既锻炼了学生的语言表达能力，又能引导学生理性看待科学技术的发展与应用。

（三）教学反思

　　本课时的亮点主要体现在两个方面：一是开展概念模型建构活动，强化模型思维培养。课前引导学生自主收集资料、调查应用实例、整理操作流程、分析对应原理，并基于此建构概念模型。学生在分享概念模型的过程中，辅以评价量表进行自评、互评，及时收到反馈并修正模型，提高了积极性和参与度，发展了模型与建模的科学思维。二是联系社会热点议题，突出社会责任的培养。本课时中引入了当今社会热点议题新型冠状病毒感染，引导学生运用基因工程技术去分析核酸检测的原理和技术流程，比较抗原检测和抗体检测的不同，并从新型冠状病毒数据库延伸到以测序为基础的人类基因数据库，引导学生积极联系实际，学以致用，提升了社会责任感。

　　本课时存在的不足之处：一是有关新型冠状病毒的活动，学生明显兴趣高涨，但是由于课堂时间有限，我拓展得不够深入。可以再设置一些具体问题作为探究起点，让学生课后进一步深入探究。二是用评价量表评价的环节，没有当堂统计总分和反馈，失去了评价的时效性。

（四）总体评析

　　本课时学生通过课前查阅资料和课堂分享等活动构建了基因工程技术的流程图，通过资料分析和问题探讨进一步完善了模型,最后从基因工程技术在核酸检测中的应用延伸到人类基因数据库,将理论知识与社会实际相联系。本课时的教学设计和课堂实施体现了以下特点:

1. 巧用情境赋能课堂,指向社会责任发展。

本课时以"胰岛素药物改善人类生活"为导入情境,设计了3个基于情境的学习任务。任务1中学生分享课前查阅的应用实例,增强了对生物学技术在生产生活中的应用的认识;任务2中学生分析探讨了实例中与生物学有关的问题,理解了生物技术对社会发展的作用;任务3中学生运用所学知识解释核酸检测中的原理和有关问题,提升了关注社会议题的社会责任感,激发了通过科学实践解决生活问题的想法。每个任务都基于真实情境,环环相扣,层层递进,逐步提升了学生的社会责任感。

2. 凸显学生的主体地位,优化学生的学习方式。

本课时教师重视学生学习过程中的实践经历,强调学生的自主学习和探索。教师先引导学生在课前自主查找资料,激发学生自主学习的意愿。课堂分享和展示环节则为学生的自主学习营造了立体空间,增强了学生的自信心,这样的成就感进一步调动了学生自主学习和主动发展的积极性。学生合作探讨资料中的生物学问题,在交流互动的过程中尽可能多地思考和表达,更充分地体验到了成功和被认可的喜悦。

3. 改进建议。

评价量表的作用不仅是评价学生做得怎么样,更是要告诉学生做什么、怎么做、做到什么程度。由于课堂时间的限制,本课时学生做完评价量表后,没有在课堂上完成统计,也没有充分发挥评价量表的价值,建议教师再进一步合理优化课堂时间的规划。

(本课时由杭州第十四中学章婷婷老师设计和执教)

课时 8　蛋白质工程是基因工程的延伸

(一)课时概念解析

本课时的概念为"人们根据基因工程原理,进行蛋白质设计和改造,可以获得性状和功能更符合人类需求的蛋白质""依据人类需要对原有蛋白质结构进行基因改造、生产目标蛋白的过程",这两个概念的建构需要以下基本概念或证据的支持:

1. 人们根据基因工程原理进行蛋白质设计和改造,可以获得性状和功能更符合人类需求的蛋白质;

2. 依据人类需求对原有蛋白质结构进行基因改造,生产目标蛋白。

(二)课堂实录

教学环节	课堂实录	专业点评
关联单元情境,提出核心问题	呈现资料　胰岛素制剂的疗效并不佳,人体分泌的胰岛素"快进快出"。进餐后血糖开始升高,胰腺受到刺激立刻分泌大量的胰岛素进入血液,胰岛素分泌量很快达到峰值,随后又迅速减少分泌,恢复到基础胰岛素水平。而皮下注射人胰岛素不能直接进入血液,因为此时两个胰岛素易组成二聚体或 3 个胰岛素分子与两个锌离子形成六聚体。二聚体或多聚体都需要逐渐解离为单体才能被人体吸收,延缓了胰岛素从注射部位进入血液的时间,而且进入血液的胰岛素又会不断地被分解,因此患者无法维持相对稳定的胰岛素浓度。 核心问题　如何解决胰岛素制剂易聚合的问题?	教师关联单元情境,联系胰岛素制剂的疗效问题引发学生思考,顺势引出学习任务。
任务 1:探究蛋白质工程的基本思路及原理	过渡　科学家们利用科学技术进行了大量研究,取得了丰硕的研究成果,今天让我们一起追随科学家的脚步展开蛋白质工程的学习。 呈现资料　胰岛素单体和二聚体分子的空间结构 3D 模型图。 学生活动　观察、比较胰岛素单体和二聚体分子的空间结构 3D 模型,在教师的帮助下分析、推测形成二聚体的原因,如两条 β 链上的氨基酸残基形成了氢键等。 呈现资料　科学家对 β 链上的氨基酸进行了改造,制成了第一个改造后的胰岛素制剂——赖脯胰岛素制剂。 呈现重组人胰岛素和赖脯胰岛素的氨基酸区别以及各自的空间结构图。 教师提问　观察赖脯胰岛素的氨基酸序列以及对应的 3D 模型,与改造前的胰岛素相比,有什么变化? 学生活动　在教师的引导下得出:赖脯胰岛素有两个氨基酸顺序发生了改变,胰岛素的空间结构受到影响,两条 β 链不易聚合。 教师追问　直接对胰岛素上的氨基酸进行改造是最好的方法吗?有什么局限性?根据蛋白质合成过程,还有什么方法可以进行改造?	学生通过观察胰岛素 3D 结构模型,从二聚体形成原因出发,推测氨基酸的分布情况,发展了结构与功能相适应的观念,同时也锻炼了分析推理能力。
任务 2:探究蛋白质工程操作程序	过渡　改变一个个蛋白质的工作量太大了,改变基因更有效。 呈现资料　GenBank 和 Ensembl 是目前国际上广泛使用的序列数据库,利用这两个数据库可检索天然胰岛素的基因和蛋白质的序列信息。Swissmodel 网站数据库,是根据对天然蛋白质结构与功能分析建立起来。输入氨基酸序列后,可预测具有一定氨基酸序列的蛋白质的空间结构和生物功能。 教师演示　通过点击数据库,获得胰岛素基因的碱基序列和蛋白质中的氨基酸序列。 呈现资料　通过 PCR 技术可以改变目的基因上特定位点的核苷酸序列。具体过程: ①设计并合成引物,引物中包含突变序列。 ②该引物特定位点的碱基与模板上的碱基不互补配对,但是其余大部分碱基与模板能配对,仍可进行 PCR。	利用数据库网站检索胰岛素基因序列、氨基酸序列、蛋白质 3D 结构,学生能感知并认同学科之间的横向联系,及其他学科技术的发展对生物学研究的重要意义。

续表

教学环节	课堂实录	专业点评
任务2：探究蛋白质工程操作程序	教师提问　如何利用PCR技术，将赖脯胰岛素的28号氨基酸和29号氨基酸互换？ 学生活动　利用教师呈现的天然胰岛素中28号和29号氨基酸对应的碱基序列，以小组为单位，设计导入突变序列的引物，并标注为引物3和引物4。 根据教师提供的材料（正常引物1和引物2，含突变序列的引物3和引物4、4种游离的脱氧核苷酸、DNA聚合酶、DNA连接酶），画出利用引物2和引物3进行PCR的过程并展示。 教师追问 ①引物3和引物4，能否同时加入？提示：复制沿着$5'\rightarrow 3'$方向进行，定点突变PCR分两个体系进行。 ②得到改造后的碱基序列DNA,是不是就可以得到赖脯胰岛素制剂？ 师生活动　学生思考后回答问题，师生共同总结蛋白质工程的基本思路（图4-11）。 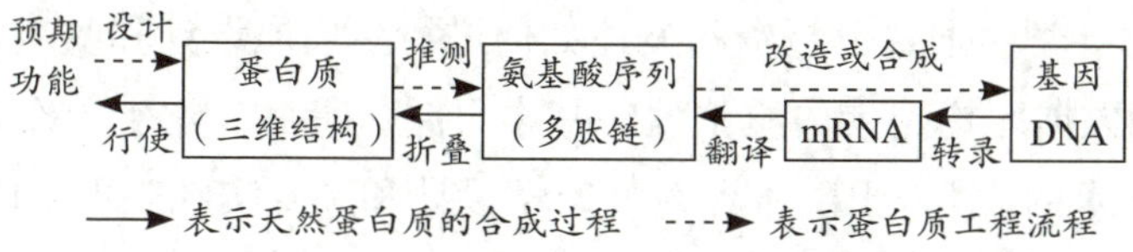 预期功能 设计→蛋白质（三维结构）推测/折叠→氨基酸序列（多肽链）改造或合成/翻译→mRNA 转录→基因DNA 行使 ──→表示天然蛋白质的合成过程　---→表示蛋白质工程流程 图4-11　蛋白质工程的基本思路	学生通过合作讨论构建了蛋白质工程基本思路的概念模型，进一步发展了结构与功能观。
评价任务：探究蛋白质工程与基因工程技术的联合应用	呈现资料　科学家将人体内的抗病毒糖蛋白β-干扰素cDNA导入大肠杆菌中进行表达，获得的蛋白质形成了二聚体，抗病毒能力只有天然蛋白的10%。因为β-干扰素在17、31、141位上有3个半胱氨酸，第31位与第141位的半胱氨酸形成了二硫键，剩下的第17位半胱氨酸则容易与另一个干扰素分子的半胱氨酸形成二硫键。后来，科学家运用基因工程技术将β-干扰素第17位半胱氨酸密码子对应的cDNA更改为丝氨酸密码子对应的cDNA，则表达出的蛋白质就不再形成二聚体，活性与天然蛋白质相似而且稳定性更高。 教师提问　结合蛋白质工程，请问如何解决这个问题？ 学生活动　小组讨论，尝试构建蛋白质工程与基因工程技术联合应用合成重组β-干扰素的流程图。 基本要求： ①选择基因工程和蛋白质工程技术（如构建重组DNA分子、导入大肠杆菌、检测目的基因及其表达产物、提取mRNA、质粒、cDNA、利用PCR改变目的基因）； ②具体技术按操作顺序排列在黑板上； ③标注"箭头"表示先后顺序； ④箭头上方可标注"文字"，表示选用的酶（如逆转录酶）、具体操作（如核酸分子杂交、抗原-抗体杂交）。 师生总结　总结、完善本单元概念关系图。	教师通过资料分析、问题探讨等形式，引导学生逐步构建合成重组β-干扰素的流程图，这是蛋白质工程概念模型的迁移和拓展；同时结合生生评价，强化了学生对概念本质的理解，发展了学生的批判性思维。

（三）教学反思

本课时的亮点主要体现在两个方面：一是注重"科学—技术—社会"STS教学。课时导入紧密联系社会实际，教学过程中充分利用科学史，并以问题串的形式引导学生尝试运用已有知识解决了生活中真实存在的问题，着重强化了学生生物学学科核心素养之生命观念和社会责任。二是重视调动学生的积极性和参与度。基因序列、氨基酸序列、蛋白质结构检索、PCR定点突变技术等现代生物工程技术方面的前沿技术，我通过演示网络检索、模拟构建过程等活动，尽可能地让学生了解当下科学家利用这些前沿技术和数据库去探索研究的过程，这对培养学生的学习积极性有很大的帮助。

本课时存在的不足之处：一是PCR定点突变技术对学生思维要求较高，且本课时学生用来讨论和思考该技术的时间略少。二是在评价策略的使用上，本课时更多的是师生对话，生生评价较少。

（四）总体评析

本课时教师首先引导学生通过分析资料概述如何进行蛋白质设计和改造，然后组织学生借助 GeneBank 等数据库构建蛋白质工程的基本思路，最后让学生合作讨论得出蛋白质工程和基因工程技术的联合应用。本课时的教学设计和课堂实施表现出以下特点：

1. 巧用科学史，加强科学探究学习。

科学史教学是高中生物学课堂教学中发展学生科学探究素养的重要途径之一。本课时教师合理选择和使用科学史素材组织学生分析资料并探讨"为什么会形成二聚体""为什么改变后就不会形成聚合体"等问题，然后提出探究性的问题"直接对胰岛素上的氨基酸进行改造是最好的方法吗"，学生在资料和数据库的引导下合作探究解决了一系列问题。在实践过程中，学生亲历了生命科学的探索历程，重温了生物学知识的产生过程，发展了科学探究素养。

2. 教学素材丰富，教学效果显著。

蛋白质工程作为生物学最尖端、最前沿、最具发展前景的领域之一，近年来发展迅速，日新月异。这就要求教师在教学时不局限于教科书知识，而是根据教学需要适当补充课外的生物学前沿知识或工具。在实践过程中，学生经历了改变一个或几个氨基酸或者碱基就能引起蛋白质空间结构和功能改变的过程，深入理解了"人们根据基因工程原理，进行蛋白质设计并对原有蛋白质结构进行基因改造，可以获得性状和功能更符合人类需求的蛋白质"概念。

3. 渗透 STS 教育，提升学科核心素养。

STS 教育强调教学内容的现代化、社会化，注重让学生从实际出发进行学习。本课时有效渗透了 STS 教育，例如：以胰岛素制剂疗效不佳这一实际情况为导入，引发学生思考并尝试解决问题；使用数据库检索胰岛素的基因、氨基酸序列和蛋白质 3D 结构等。学生在本课时中充分将学习与社会、生活联系起来，研究和解决了真实问题，提升了社会责任感。

4. 改进建议。

在 PCR 定点突变技术教学环节，教师可根据学生的思维水平、课时安排等情况采用视频播放、教师演示等多种方式展开，也可在上课时略讲，课后学生以自主探究的方式展开，使教学更适应学情，教学效果也更显著。

（本课时由杭州第十四中学章婷婷老师设计和执教）

单元 5

生物技术可能会带来安全与伦理问题

专家解读

一、单元教学分析

生物工程技术突飞猛进的发展，引发了人类社会在生产和生活方面的巨大变化。其影响如同双刃剑一般，在造福人类的同时，也可能会给人类生活、地球环境、经济发展和道德伦理带来冲击和隐患，其中备受关注的话题包括转基因产品、生殖性克隆人以及生物武器等。

如何看待现代生物工程技术，是每一个公民都要面临的问题。针对不同的生物工程技术，我们要根据对结构与功能观、物质与能量观、进化与适应观以及稳态与平衡观等生命观念的认识和理解，以造福人类、尊重生命规律的态度与价值观，基于事实与证据评估生物工程技术的价值和风险，最终做出科学的思考和决策。具体表现在两个方面：其一，在发酵工程、细胞工程、基因工程、胚胎工程等技术和方法的具体实践过程中，必须在保证安全与符合伦理的基础上进行工程学构想及其具体工程的设计与实施；其二，在面对日常生活或社会热点议题中与生物技术和工程有关的话题时，能基于证据运用生物学基本概念和原理，就生物技术和工程的安全与伦理问题表明自己的观点并与同学展开讨论。

通过选修 3 模块前 4 个单元的学习，学生对生物工程的一般原理和实施过程已经有了比较好的认识和理解，也发展了结构与功能观等相关的生命观念，又通过实践活动亲自体验了生物技术的应用价值，发展了科学探究的相关素养。在本单元的学习中，学生可以通过收集文献资料、辩论、讨论、演讲等活动，进一步发展科学思维及社会责任等生物学学科核心素养。

二、单元概念解构

本单元聚焦大概念"生物技术在造福人类社会的同时也可能会带来安全与伦理问题"。该大概念是在"发酵工程利用微生物的特定功能规模化生产对人类有用的产品""细胞工程通过细胞水平上的操作，获得有用的生物体或其产品""基因工程赋予生物新的遗传特性"这 3 个大概念的基础上形成的。本单元包括"转基因产品的安全性引发社会的广泛关注""中国禁止生殖性克隆人""世界范围内应全面禁止生物武器" 3 个重要概念，为选修课程中"健康生活""社会热点中的生物学问题"等内容的学习提供了支持。这些概念之间的关系如图 5-1 所示。

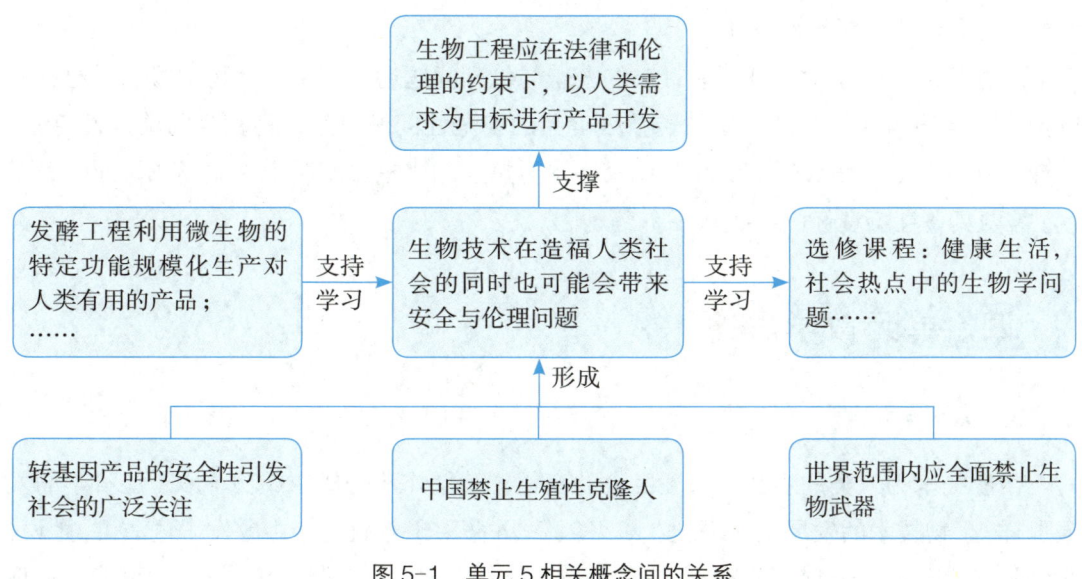

图 5-1　单元 5 相关概念间的关系

三、单元目标

（一）学习目标

1. 列举生物技术的成果，阐明生物工程及相关技术的基本原理，阐明科学、技术、社会的相互关系，巩固结构与功能观、物质与能量观、进化与适应观以及稳态与平衡观等生命观念。

2. 自主收集及分析资料，参与有关"转基因食品的安全性问题""是否支持设计试管婴儿"等话题的讨论活动，发展基于事实与证据评估生物工程技术的价值和风险并做出科学思考和决策的科学思维核心素养。

3. 面对日常生活中"转基因食品的安全性""生殖性克隆人与设计试管婴儿""生物武器的威胁与伤害"等与生物技术和工程有关的社会热点议题，能基于证据运用生物学基本概念和原理进行理性的判断，认同国家态度，提升社会责任感。

（二）评价目标

1. 在学习生物技术及其可能带来的安全与伦理问题后，能运用结构与功能观、物质与能量观、进化与适应观以及稳态与平衡观解释有关生物技术的原理及其可能带来的风险。需要具备生命观念的四级水平。

2. 在学习生物技术及其可能带来的安全与伦理问题后，能基于事实与证据运用生物学基本概念和原理，就生物技术和工程的安全与伦理问题阐明个人立场，做出科学决策。

需要具备科学思维的四级水平。

3.在学习生物技术及其可能带来的安全与伦理问题后，能结合生物学概念，通过文献搜索、走访参观等活动，参与转基因食品的安全性问题、生殖性克隆与治疗性克隆、设计试管婴儿、生物武器的威胁与伤害等社会热点的讨论，阐明个人立场，认同国家态度。需要具备社会责任的四级水平。

四、单元教学思路

（一）单元情境

生物技术为人类的生活带来了巨大的变化，就像炸药的研制成功、原子能科学的发展那样，生物技术的发展也是一把"双刃剑"。陈薇院士曾就这个主题发表过演讲，她说：生物技术是一把双刃剑，用得好，打开的是通往天堂之路；用得不好，打开的可能是地狱的门。

（二）核心任务

根据所学内容，理性地看待现代工程技术的发展。

（三）教学流程

以支撑本单元大概念所需的重要概念为课时学习主题，课时教学以问题、任务、活动与评价为主线展开。本单元共3个课时，教学流程如图5-2所示。

单元 5　生物技术可能会带来安全与伦理问题

大概念	生物技术在造福人类社会的同时也可能会带来安全与伦理问题		
重要概念	转基因产品的安全性引发社会的广泛关注（课时1）	中国禁止生殖性克隆人（课时2）	世界范围内应全面禁止生物武器（课时3）
问题	如何理性看待转基因技术的应用？	生殖性克隆人面临哪些伦理问题？	为什么我们国家反对生物武器及其技术和设备的扩散？
任务	列举生活中的转基因产品，讨论转基因作物的种植情况，就转基因产品的安全性展开辩论	从技术和伦理层面分析生殖性克隆，对比了解治疗性克隆，讨论是否支持设计试管婴儿	结合收集的历史资料认识生物武器的类型、特点和危害，认同我国对生物武器的态度
活动	分组展示转基因技术研究成果，讨论转基因作物的种植现状及原因，依据课前收集的资料开展"转基因产品是否安全"的辩论	就"是否支持生殖性克隆"展开辩论，结合资料对比生殖性克隆与治疗性克隆，分组讨论"是否支持设计试管婴儿"，并分享观点和论据	小组展示课前收集的有关生物武器的资料，结合实地参观感想发表演讲，讨论、分析其严重危害，认同我国对此的态度和主张
评价	基于角色扮演从多个角度审视转基因技术的应用，参与社会热点的讨论	观看电影《千钧一发》的片段，阐明对理性应用生物工程技术的态度	探讨应对"未知生物战剂"的措施，认识科技发展的利弊

图 5-2　单元 5 教学流程

五、课时教学实例

课时 1　转基因产品的安全性引发社会的广泛关注

（一）课时概念解析

本课时的概念为"转基因产品的安全性引发社会的广泛关注"，该概念的建构需要以下基本概念或证据的支持：

1. 转基因生物是指含有重组 DNA 的生物；
2. 转基因食品就是转基因生物本身或其加工产品；
3. 转基因食品的安全性和转基因作物的环境安全性在全世界引发了激烈争论。

（二）课堂实录

教学环节	课堂实录	专业点评
创设单元情境，提出核心问题	创设情境　生物技术给人类的生活带来了巨大的变化，就像炸药的研制成功、原子能科学的发展那样，生物技术的发展也是一把"双刃剑"。播放一段陈薇院士关于"生物技术是一把双刃剑"的演讲视频。一些前沿的、颠覆性的生物技术，在用于国计民生的时候，可以提高我们的健康水平、粮食产量等。但如果用于其他方面，如制备生物武器，则是全人类的灾难。 核心问题　如何理性看待转基因技术的应用？	生物技术的安全性问题是全世界人民关注的热点话题。以此为单元情境不仅能统领本单元的内容，提高学生的学习兴趣，还能提升学生的社会责任感。
任务1：说出日常生活中的转基因产品	教师引导　看完这段视频后，你印象最深刻的一句话是什么？ 学生总结　生物技术是一把双刃剑。用得好，打开的是通往天堂之路；用得不好，打开的可能是地狱之门。 师生总结　转基因技术也是如此。用得好，造福人类，用得不好可能会带来毁灭性的灾难。 教师提问 ①什么是转基因生物？什么是转基因产品？简单说出一种转基因产品的制备过程。 ②你知道的转基因产品有哪些？分小组从植物、动物、微生物三个方面介绍转基因成果。 学生活动　思考以上问题，认同转基因产品已经进入人们的日常生活。分组展示转基因技术在植物、动物、微生物等方面的研究成果及发展状况： 转基因植物如抗虫棉、抗除草剂大豆、抗病毒甜椒、耐储藏番茄、黄金大米、含疫苗的马铃薯、防腹泻的蔬菜等。 转基因动物如转人生长激素基因的猪和鱼、转乳糖酶基因的奶牛、转人抗凝血酶基因的山羊、转基因小鼠原发性高血压模型等。 转基因微生物方面，人们主要是利用工程菌来生产药物：利用酵母菌生产干扰素、利用大肠杆菌生产人胰岛素等。 师生总结　转基因作物和转基因动物给养殖业和种植业带来了巨大的经济效益；转基因技术在健康、医学以及环境保护方面也有积极的贡献。	学生通过收集资料，归纳总结转基因技术的成果，了解了转基因技术在食品、农业、健康、医学、环境保护等方面的积极贡献。
任务2：讨论转基因作物的种植现状	教师引导　转基因作物主要是哪些国家在种植？为什么我们只听过但没吃过黄金大米？我国具体种植的转基因作物有哪些？ 呈现资料　截至2019年，种植转基因作物的国家已达29个。转基因作物种植面积排名前三的国家分别是美国、巴西、加拿大。在转基因作物中，大豆和玉米最多，其次是棉花和油菜。 学生活动　分析资料，积极思考、讨论转基因作物的种植现状。 教师设疑　日常生活中常见蔬菜、水果或主食如甜玉米、彩椒、圣女果、小黄瓜、紫薯，这些是转基因产品吗？	讨论转基因作物的种植现状，可以让学生了解我国允许种植的转基因作物种类，认同我国对转基因作物的态度。

100

续表

教学环节	课堂实录	专业点评
任务2：讨论转基因作物的种植现状	**学生活动**　积极思考、讨论，明确这些都不是转基因产品。 **呈现资料**　我国农业农村部批准能在中国种植的转基因作物只有两种：棉花和番木瓜。已完成审批但未进入商业化种植，正在试验状态的有两种：水稻和玉米。批准可进口用作加工原料的转基因作物有五种：大豆、玉米、油菜、甜菜和棉花。可见我国十分重视转基因农作物的安全性评价和管理。为什么我国不种植转基因大豆和转基因玉米等农作物，而是依靠进口呢？ **学生活动**　分析材料，积极思考转基因食品的安全性问题。	
任务3：收集资料，就"转基因产品是否安全"展开辩论	**呈现资料**　2012年，法国研究机构在《食品化学毒物学》中公布了一项研究成果，称食用常见转基因谷物会使实验鼠患上肿瘤和多种器官损伤。虽然欧洲食品安全局在当年11月就将这篇文章撤销，理由是实验设计和方法存在漏洞，实验数据有很大的缺陷。但转基因食品的安全性和转基因作物的环境安全性还是引发了全世界人民的激烈讨论。 **引导**　作为有生物学科学素养的理性民众，我们开展一场关于"转基因产品是否安全"的辩论会。每组成员结合自己收集的资料，相互讨论后派代表展开辩论。 **学生活动**　分组呈现课前收集的资料，并展开辩论。 **小组代表发言**　转基因产品不安全，理由如下： ①转基因作物可能合成出对人体有直接毒性或潜在毒性的蛋白质，甚至食用者在过了若干年或一两代之后，问题才显现出来。 ②可能出现新的过敏原，导致人体产生过敏反应。 ③把动物蛋白基因转入农作物，可能侵犯了宗教信仰或素食者的权益。 ④转基因植物可能会扩散到种植区以外，成为杂草，影响生态平衡。 ⑤转基因作物与同种或近源野生种之间发生基因漂移，可能出现超级杂草，进而出现超级害虫…… **小组代表发言**　转基因食品安全，理由如下： ①转基因作物可以大大减少农药的使用量，减少环境污染。 ②多环节、严谨的安全性评价，可以保证转基因食物的安全，防止过敏原的产生。 ③转基因食品可以解决粮食短缺问题。 ④扩散到种植区以外的转基因作物可能很快就死亡。 ⑤可以借助一定的手段使花粉失去活性，从而防止其发生基因漂移…… **师生总结**　转基因产品既有潜在的巨大经济效益，也可能存在一定的风险，我们要理性地看待转基因技术的应用。任何一项科学技术，零风险是不存在的，也不可能绝对安全，因噎废食、无所作为或许才是最大的风险。 **教师设疑**　我国对转基因技术是什么态度？国家采取了什么措施来规避转基因产品可能带来的风险？如果你是一位研究转基因的科学家，你会怎么做以减少转基因技术带来的负面效应？	学生通过辩论促进了自己的理性思考，深刻感悟到对待社会热点话题每个人都要有自己的观点和态度，从而增强了参与社会讨论的意识，发展科学思维和科学态度，提升了社会责任感。

续表

教学环节	课堂实录	专业点评
任务3：收集资料，就"转基因产品是否安全"展开辩论	学生回答　我国高度重视转基因技术的研发，也十分重视转基因农作物的安全性评价和管理。我国建立了合理的风险评价原则，也颁布了相应的政策、法规来完善对转基因生物的安全管理。作为一位研究转基因技术的科学家，我首先会在遵循国家政策、法规的前提下做实验，严禁转基因作物的种子外流；其次做好转基因的科普工作，让大众了解转基因技术，消除对转基因技术的恐慌。	学生站在国家、科学家的角度思考如何理性对待转基因技术，有利于其形成对转基因产品的理性认知。
回归情境，实施评价	教师设疑　某市正在筹备一个项目，涉及转基因农作物的种植、加工以及转基因食品的生产。民众知道后，反响较大，于是当地召开了论证会。请大家从民众、政府和农业专家等立场谈一谈你对这个项目的看法。 学生活动　讨论后从不同的立场发表自己的看法。 民众的看法：转基因农作物可以减少农药的使用，支持种植。转基因食品的安全性不确定，禁止种植。 政府：给转基因食品打上转基因的标识，供消费者自行选购。我国转基因作物种植总体可控，支持种植。 农业专家：既然国家已经批准了这种转基因作物的种植，说明它的安全性已经得到了多方面的评估，支持种植。 课外任务　完成课外社会实践调查：当地是否栽培转基因生物？它对当地经济发展有什么意义？	教师引导学生站在不同的立场去思考问题并明确态度和观点；通过多角度探讨转基因技术的影响，提升学生的社会责任感和爱国情怀。

（三）教学反思

本课时的亮点主要体现在两个方面：一是通过收集的文献资料，就"转基因产品是否安全"展开辩论。本课时从单元情境入手，提出核心问题，再播放陈薇院士关于"生物技术是一把双刃剑"的演讲视频从而进入课时情境。学生已有转基因技术的认知基础，但没有对转基因产品的安全性问题进行深入的思考，我巧妙地引出了本课时的重要概念。课前学生通过互联网、电视、广播等媒体收集资料，然后与持相同观点的学生组成小组，自然地达成小组内合作与交流的目的，此过程能很好地培养学生的课堂参与意识和团结合作精神。本课时采用辩论赛的形式，学生陈述收集的资料并表达自己的观点，有效锻炼了语言表达能力，有利于发展学生的科学思维和社会责任感。二是通过创设情境进行角色扮演，将知识性和趣味性巧妙地结合。课堂角色扮演不仅能激发学生的学习积极性和主动性，还能提高学生学以致用的能力，发展学生的科学思维，促进生物学学科核心素养的达成。

本课时存在的不足之处：本课时学生需要探究的问题很多，需合理地把握讨论时间和学生的发言时间。学生为这节课准备了较长时间，但不是每一位学生都有发言的机会，后续我或许可以采用评价量表的方式对学生的学习效果进行有效评价。

（四）总体评析

本课时是单元整体教学的第一课时，具有创设单元整体情境、引出核心问题、支撑单元概念建构的重要作用。本课时的教学设计遵循从生活中来到生活中去的理念，以"情境—问题—任务—活动—评价"为主线开展教学。通过让学生结合经验列举基因工程技术带来的积极贡献来引导学生提出为何不广泛推广该技术的疑问，再借助辩论的形式形成理性对待生物技术的共识，最后巧用论证会上的角色扮演进行教学评价。这样设计既帮助学生建构了本课时对应的重要概念，又发展了学生的生物学学科核心素养。本课时的教学设计和课堂实施表现出以下特点：

1. 创设真实情境，激发学习兴趣。

基于核心素养的情境设计有助于教师拓展教学的深度和广度，有利于激发学生的内在学习动力。本课时通过播放陈薇院士的演讲视频，引出课时概念，由此引发学生对转基因生物、转基因技术安全性的思考，培养了学生求实的态度和社会责任感。

2. 开展科学辩论，完成概念建构。

通过辩论活动开展深度学习，学生积极主动参与了社会热点话题的讨论，在真正成为学习主人的同时提高了社会责任意识。学生就"转基因产品是否安全"开展辩论，为了清晰、准确地表达自己的观点，必定会在课前积极收集、筛选和整理资料。学生不仅加深了对教学重难点的理解，也培养了学习能力和分析复杂问题的能力，还在概念建构的同时发展了批判性科学思维。

3. 巧用角色扮演，促进教学评价。

本课时高度重视以评价促进学生的学习和发展，通过多元化的教学评价了解学生对知识的掌握程度，以及对相关概念能否融会贯通。课堂中教师创设了角色扮演的情境，充分发挥了学生的主体作用，促使学生对"如何理性看待转基因技术的应用"再次进行积极思考。教师在学生进行角色扮演的过程中了解到了学生学习情况的差异，帮助学生提升了分析和解决问题的能力。

4. 改进意见。

一是本课时教学对学生的资料收集和整理能力要求较高。有的学生没有提前收集资料，这一部分学生在辩论活动中参与度不高，难以完成预期的教学目标。二是本课时主要是通过组织学生活动来展开教学，这就要求教师具有较高的组织能力和管理协调能力，教师在引导和评价学生方面还有待加强。

（本课时由浙江省衢州二中范苗老师设计和执教）

课时 2　我国禁止生殖性克隆人

（一）课时概念解析

本课时的概念为"中国禁止生殖性克隆人"，该概念的建构需要以下基本概念或证据的支持：

1. 生殖性克隆人会面临一些伦理问题；
2. 我国不赞成、不允许、不支持、不接受任何生殖性克隆人实验。

（二）课堂实录

教学环节	课堂实录	专业点评
关联单元情境，提出核心问题	创设情境　基于单元情境，承接上一课时，收集资料，创设本课时子情境：某位意大利医生在尝试进行生殖性克隆人。 核心问题　生殖性克隆人面临哪些伦理问题？	在单元情境下进行本课时情境创设，提出了核心问题。
任务1：认识生殖性克隆	呈现资料　意大利医生安蒂诺里被人们称为克隆疯子，他在2001年的"基因工程的未来"国际会议上宣布："我们的克隆人计划正在秘密进行，并且一切顺利。克隆人工程已经进入非常高级的阶段——数千对不孕夫妇自愿参加，其中一名妇女已经怀孕8个星期！"也就是说，如果不出意外，再过不到8个月，第一个克隆人将出世！什么是克隆人？ 学生活动　基于资料讨论得出：和克隆动物技术相同，克隆人指通过体细胞核移植、胚胎体外培养、胚胎移植技术进行人类复制品的培育。依据自己的观点，展开辩论。 辩论主题：是否支持生殖性克隆。 正方： ①从技术层面讲，克隆人技术已经较为完善，其他技术问题也可以通过不断研究、实践使之成熟。 ②心理层面：在亲人意外去世时，应用克隆人技术可以帮助人们重新获得亲人，这对人们来说是一个很重要的慰藉。 ③社会秩序、伦理关系是可以随着社会进步而发展改变的。 反方： ①克隆技术还未成熟，成功率低。 ②克隆人严重违反了伦理道德，冲击了现有的婚姻、家庭和两性关系，是克隆技术的滥用。 ③克隆人是人为制造的、在心理上和社会地位上都不健全的人。 ④克隆人很有可能被迫成为人体器官的提供者，引发社会不安定。 ⑤破坏了人类基因多样性的天然属性，不利于人类的生存和进化。	学习克隆人的概念，可以让学生理解克隆人与克隆动物从技术上来说是相同的，从而再针对是否支持生殖性克隆展开辩论。

续表

教学环节	课堂实录	专业点评
任务2：认识治疗性克隆	**呈现资料** 治疗性克隆的过程图（图5-3）。 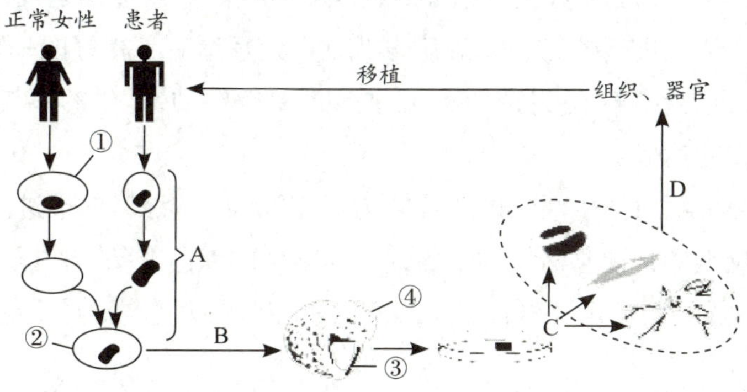 图 5-3 治疗性克隆的过程 **教师活动** 中国政府反对生殖性克隆的同时支持治疗性克隆，那么治疗性克隆和生殖性克隆有什么区别呢？ **学生总结** 列表总结治疗性克隆和生殖性克隆的区别。我国在支持治疗性克隆的同时，也注重对其的监管。目前我国已经出台了许多相关的指导意见和管理办法，保障了治疗性克隆的研究在监管中有序进行。	通过对比生殖性克隆和治疗性克隆，学生针对是否支持治疗性克隆进行了开放性讨论。
任务3：开展对"是否支持设计试管婴儿"的讨论	**过渡** 治疗性克隆也不是万能的，如果患者本人的遗传物质发生了变异，那么克隆得到的细胞组织仍然是异常的。为了解决这个问题，科学家们研发了一项新的技术。 **呈现资料** 一个女孩患了白血病，需要骨髓移植，她的亲人和她骨髓配型都不成功，骨髓库中也找不到合适的骨髓。她的父母最后通过"设计试管婴儿"（在胚胎植入前进行遗传诊断），生下了一个配型适合这个女孩的婴儿，然后从婴儿体内抽取骨髓造血干细胞移植给她。最终她获救了。 **引导** 设计试管婴儿技术是指在试管婴儿技术的基础上，为确保孩子具有某些长处或者避免某些缺陷，在出生之前对他的基因进行选择的一项技术。这和因不孕问题而采用试管婴儿技术有明显的差别。 请同学们思考资料中的做法，通过设计试管婴儿来救治孩子是否合适？你同意设计试管婴儿吗？ **学生活动** 分组讨论"是否支持设计试管婴儿"并分享本组论点和论据。	通过解读资料，学生对"是否支持设计试管婴儿"开展了讨论，得出了开放性的答案。
课堂评价和总结	**呈现资料** "千钧一发"视频。 **教师活动** 总结提升：科学技术是一把双刃剑，我们承认它为我们带来了无限的便利，但是不能过度地依赖它，一定要严防科学技术的滥用。	教师对本课时的主旨进行了总结、评价。

（三）教学反思

本课时的亮点主要体现在两个方面：一是课前准备充足，为本课时教学活动的顺利开展进行奠定了基础。学生课前充分搜寻新闻、视频等资料，为观点的呈现提供了有力的证据支持；课前我与学生进行的充分交流使得课堂辩论环节有了很好的呈现效果。二是课堂活动形式多样，涵盖了辩论、讨论、漫画、视频欣赏等活动，学生的参与度也很高，充分促进了本课时目标的达成。

本课时的不足之处：我对学生活动的指导能力尚需加强。本课时的推进是建立在学生活动充分开展的基础上的，课堂活动的整体效果与学生的课前准备工作以及课堂表现密切相关。学生在资料收集与整理、语言表达等方面都存在较大差异，需要更有针对性、更专业的指导。

（四）总体评析

本课时延续单元整体境脉，从克隆技术的发展与应用角度进一步支撑单元大概念的建构。本课时以"情境—问题—任务—活动—评价"为主线开展教学，通过丰富多样的教学活动形式充分发挥学生的主体作用，在资料收集与整理中建构了课时概念，在激烈的辩论活动与思维碰撞中发展了学生的生物学学科核心素养。本课时的教学设计和课堂实施表现出以下特点：

1. 课时设计延续单元境脉，促进重要概念的有效落实。

本课时设计承接本单元的整体境脉，将课时概念转化为核心问题"生殖性克隆人面临哪些伦理问题"，通过视频、辩论等方式分析得到我国不赞成、不允许、不支持、不接受任何生殖性克隆人实验的原因，逐步落实重要概念、支撑大概念。

2. 系统化的知识结构，促进核心素养的发展。

本课时对禁止克隆人、治疗性克隆、设计试管婴儿三个方面进行了串联和归纳，通过分析实例、评析漫画、分组辩论等手段将它们统一为一个知识整体，实现学生对本课时概念的充分理解。在探讨学习的过程中，学生的科学探究能力得到了极大的锻炼，质疑、释疑的过程对学生科学思维的发展有了明显的促进作用，同时也促使他们形成理性看待生物技术的科学价值观，进而提升热爱科学、善待生命、造福人类的社会责任感。

3. 改进建议。

在收集禁止克隆人、治疗性克隆、设计试管婴儿等资料时，教师若能将不同学生的资料进行分享，在课前将准备工作做得更加充足，则可以更好地提高学生的学习效果。课前辩论稿的准备也要细致，必要时可以邀请优秀的辩论老师给予学生指导，则可以进一步提高辩论赛的质量和效率。

（本课时由浙江省衢州二中叶建芳老师设计和执教）

课时 3　世界范围内应全面禁止生物武器

（一）课时概念解析

本课时的概念为"世界范围内应全面禁止生物武器"，该概念的建构需要以下基本概念或证据的支持：

1. 生物武器是有意识地利用致病微生物、毒素、昆虫等侵袭敌人，以达到战争目的的一类武器；
2. 历史上生物武器曾对人类造成了严重的威胁和伤害；
3. 我国反对生物武器及其技术和设备的扩散。

（二）课堂实录

教学环节	课堂实录	专业点评
关联单元情境，提出核心问题	**创设情境**　科学家们应用发酵工程技术，利用微生物的特定功能规模化地生产对人类有用的产品，给人类带来了巨大的效益。你可曾想过小小的微生物如果被别有用心的坏人加以利用，也能给人类带来致命的伤害。例如在侵华日军细菌战中，衢州的一些老人就患上了令他们痛苦一生的"烂脚病"。 **核心问题**　为什么我们国家反对生物武器及其技术和设备的扩散？	延续单元情境，创设基于衢州本土的课时情境，以"烂脚病"为主线，提出了本课时需要解决的核心问题。
任务1：认识生物武器	**呈现资料**　"细菌战受害者的烂脚之殇"视频。1942年5—9月，浙赣会战期间，日军行经主要路线包括浙赣铁路沿线一带以及当时中国方面机场周围地区，包括江山、龙游在内的许多地区，这些地区随后爆发了群体性的"烂脚病"。各国学者近年的研究证明，第二次世界大战中，日军在中国的确大量生产并使用过炭疽杆菌和鼻疽假单胞菌。 **教师设疑**　什么是生物武器？较之其他类型的武器有何特点？生物战剂包括哪些类型？ **学生活动**　小组展示并说明课前收集的有关生物武器及其特点、生物战剂分类等相关资料。	视频和文字资料为学生获取相关信息提供了更多维的渠道，也留下了更深刻的印象。这既激发了学生的兴趣，又为后续内容的学习做好了铺垫。
任务2：列举说明生物武器对人类造成了严重的威胁和伤害	**过渡**　为了更切身地了解生物武器的危害，部分同学利用假期参观了衢州细菌战历史陈列馆。我们请这些同学的代表和大家分享一下他们的感受。 **交流分享**　学生代表发表参观感受，其他同学也发表自己的观点。 小组代表：介绍衢州细菌战的历史背景，分析细菌战给衢州人民带来的各方面伤害。	感同身受才会铭记于心。学生利用校外资源，在课外活动中感受生物武器曾给人类造成了严重的威胁和伤害，再利用演讲的方式来加深印象、分享感受，提升了社会责任感。

续表

教学环节	课堂实录	专业点评
任务2：列举说明生物武器对人类造成了严重的威胁和伤害	学生代表1：要形成对生物武器的科学认知，正确看待生物武器的影响。 学生代表2：青年学生要树立正确的价值观，保持忧患意识，铭记历史、珍爱和平。 学生代表3：我国反对生物武器的开发及使用的态度是国之决策、民之所愿。	
任务3：认同我国反对生物武器及其技术和设备的扩散	呈现资料　呈现国际社会针对生物武器所采取的一系列措施，梳理我国为反对生物武器及其技术和设备的扩散所做出的努力，以及关键事件的时间轴。展示《禁止生物武器公约》的主要内容。 学生活动　通过资料分析，了解我国对生物武器的一贯态度，认同我国反对生物武器及其技术和设备的扩散这一主张。	教师结合历史关键事件，引导学生基于已学内容，认同我国"反对生物武器及其技术和设备的扩散"这一主张，提升社会责任感。
交流评价	教师提问　试想，如果我们遭受了"未知生物战剂"的攻击，我们应该采取怎样的应对措施？ 学生活动　结合相关疫情的经历展开讨论和交流。 教师总结　科技发展是一把"双刃剑"，用不好可能会带来困扰，但用好了也可化解难题，关键是我们以怎样的态度来开发和利用它。 呈现资料　2009年起，衢州市柯城区人民医院的万少华医生和他的同事们利用节假日义务为辖区内的39位患烂脚病的老人免费换药治疗，为老人们减轻了病痛，也送去了心理慰藉。衢州万少华团队也因此被授予"时代楷模"光荣称号。白衣天使们用大爱抚平历史伤痛，用仁心仁术弥合了细菌战受害者的身心创伤。中共中央宣传部致时代楷模万少华团队的颁奖词为：恤治疮痍，大爱关乎民族痛；担当使命，热肠暖到苦人心。 学生活动　基于资料，认识"科技发展是一把'双刃剑'"。 教师结课　对学生发出向时代楷模学习的号召，提出学好知识、练就本事、用善意的科学态度和过硬的科技素养造福人类的期待。	学生在"时代楷模"的感召下，更明确了学习生物学的意义，增强了学习动力，促进了对职业生涯的规划，提升了社会责任感。

（三）教学反思

本课时的亮点主要体现在两个方面：一是延续单元情境的境脉，创设与生活紧密关联的、贯穿始终的课时情境，以解决核心问题为指向聚焦大概念。另外在评价环节，借助相互关联的社会热点问题拓展情境，帮助学生在新情境下利用已掌握的概念和经验解决新的问题，发展学生的科学思维等核心素养。二是利用课内活动与课外活动结合的方式，充分开展以学生为主体的实践活动。学生通过在课前借助图书馆、网络等资源收集、整理相关资料，并借助多媒体将成果进行课内分享，提升了信息收集、甄别整理、交流展示等能力。学生通过实地参观衢州细菌战历史陈列馆，对生化武器给人类带来的伤害形成了直观而深刻的印象，再将自己基于不同视角、不同层面的所见、所思、所悟在课堂中进行表达交流，共同构建起对同一事件的多维认知，在发展科学思维的同时，也进一步提升了社会责任感。

本课时存在的不足之处：一是指导学生课外收集、整合资源的能力有限。本课时涵盖的知识面较广，需要一定的历史背景的支持。学生在课前收集了很多相关的资料，需要进一步判断其可靠性，这是本课时的一大挑战。二是课堂评价关注点不够全面。本课时的诸多活动都需要对学生的主动性、运用生物学原理的能力、逻辑思维的严谨程度、表述观点的合理性等方面展开观察与评价，但是课堂中并未很好地开展全面的课堂观察与评价。

（四）总体评析

本课时是本单元整体教学的最后一个课时，学生通过前两个课时的学习已基本形成了本单元大概念，因此，本课时从生物技术的应用与生物武器的生产与防御这一维度为大概念的内化提供了更多的支撑。本课时结合建构主义学习理论，通过"情境—问题—任务—活动—评价"主线实施教学，有效实现了"目标—教学—评价"的三位一体。本课时的教学设计和课堂实施表现出以下特点：

1. 创设真实情境，助力概念生成。

本课时延续单元境脉，创设学生身边的真实情境"烂脚病"，并以此情境为主线充分开展学生活动，逐渐帮助学生建构"世界范围内应全面禁止生物武器"这一概念，进而支撑"生物技术在造福人类社会的同时也可能会带来安全与伦理问题"这个大概念的内化。

2. 联动课内课外，开展深度活动。

本课时的教与学建立在学生活动深度开展的基础之上，教学活动不止局限于课内，更是延伸到了课外与校外。学生在课前借助图书馆、互联网等途径自主收集资料，并进行甄别整理，再将成果进行课内展示与交流。这既锻炼了学生的信息处理能力和交流表达能力，又拓展了教学资源，避免了唯教科书的现象。学生通过课外参观衢州细菌战历史陈列馆的实践活动，切身体会生物武器曾带给人类的威胁与伤害，并将所思所想在课堂中与其他同学进行交流，在生成概念的同时，也增强了社会责任感和民族意识。

3. 分析热点问题，落实社会责任。

本课时不止引导学生分析历史上的生物武器曾带给人类的威胁与伤害，还紧密结合时事热点，帮助学生深刻认同我国坚决反对生物武器的政治主张。另外，教师借助学生的切身经历引导学生参与对未知生物武器防治这一社会热点问题的探讨，实现了对学生迁移应用新知识解决新问题的能力的有效评价，又充分落实了应用生物学知识参与社会议题讨论等社会责任的发展。

4. 改进建议。

在课前资料收集和整理环节，教师可以整合学校的优质资源，邀请历史学科教师和爱好军事的教师参与学生活动的指导，提高活动的有效性。在课堂教学的学习评价方面，教师可以通过设立学生评价员，并开发适合的评价量表，指导学生结合评价量表开展课堂观察和科学性的评价活动。

（本课时由浙江省衢州二中洪波老师设计和执教）

主要参考文献

［1］中华人民共和国教育部制定.普通高中生物学课程标准（2017年版2020年修订）[M].北京：人民教育出版社，2020，5.

［2］范陈蔓，孟凡龙，崔鸿.基于SOLO分类理论的高中生物学概念进阶教学[J].中学生物教学，2021（31）：40-43.

［3］孙军政.探究性学习在高中生物学教学中的应用[J].中学生物教学，2021（24）：2.

［4］任鹏康，廖艳，张红莲，等.发酵工程课程教学中PBL教学法的应用与问题[J].广东化工，2022，49（2）：159-160.

［5］刘龙祥.基于问题导向的发酵工程实验设计[J].山东化工，2020，49（20）：217-218.

［6］张虞婷，董大鹏，柳依婷."发酵工程"课程教学改革的探索与实践[J].扬州教育学院学报，2020，38（1）：80-83.

［7］任晓莉，刘丽艳.翻转课堂在发酵工程教学中的应用及思考[J].黑龙江教育：理论与实践，2020（4）：68-69.

［8］戴德慧，胡伟莲."发酵工程"课程教学改革与实践[J].农产品加工，2019（19）：107-109.

［9］胡益波，陈宇，莫湘涛，等.基于参与式教学法的发酵工程实验教改的探索[J].高校生物学教学研究：电子版，2019，9（3）：47-50.

［10］宋金艳，马金刚，吕乐.STEM理念下传统发酵工程系列实验项目式教学——以"葡萄酒中优势菌种的分离，纯化与鉴定"为例[J].中学生物学，2020，36（9）：72-74.

［11］王红梅，周初霞.基于高中生物学重要概念的情境，问题与活动的单元整体性设计[J].中学生物学，2020，37（12）：18-20.

［12］吴丽芳.基于深度学习的"情境—问题—活动—评价"单元整体教学——以浙科版必修2"遗传的分子基础"为例[J].中学生物学，2022，38（3）：46-48.

［13］沈瑜.用实验活动优化生物学概念教学[J].生物学教学，2016（6）：14-16.

［14］吴凌龙.正误微视频冲突在高中生物实验教学中的运用[J].中学生数理化（教

与学),2020(3):77,79.

[15] 浙江省教育厅教研室. 浙江省普通高中学科教学指导意见[M]. 杭州:浙江教育出版社,2021:94-112.

[16] 刘月霞,郭华. 深度学习:走向核心素养[M]. 北京:教育科学出版社,2018.

[17] 周初霞. 聚焦重要概念的生物学单元教学理论与实践[M]. 杭州:浙江科学技术出版社,2021.

[18] 周初霞. "五构概念"教学法在生物学单元整体教学中的实践研究[J]. 生物学教学,2021,46(5):5-8.

[19] 周初霞,王红梅,李艳华. 生物学单元整体教学中境脉架构模式的实践探索[J]. 生物学教学,2021,46(7):29-31.

[20] 曹文竹. 运用大单元教学形成大概念解决新情境下的问题——以"基因工程"为例[J]. 教学考试,2021(51):24-26.

[21] 张姝玉. "基因工程"教学中模型的制作与应用[J]. 生物学通报,2020,55(1):26-27.

[22] 程丽,章青. 聚焦大概念构建必修与选修知识体系——以"中心法则与基因工程"为例[J]. 教学考试,2020(6):14-16.

[23] 曾平,石秀菊. 模型教具在高中教学中的应用——以"基因工程"为例[J]. 中学生物学,2019,35(11):28-30.

[24] 曹蕾. 借模型制作之力解基因工程之惑[J]. 教学考试,2021(6):15-18.

[25] 钱雪梅. 高中生物"基因工程"教学中几个常见问题的探讨[J]. 中学生物学,2021,37(6):8-10.

[26] 张淑萍. 概述基因工程中的工具酶[J]. 中学生物学,2021,37(10):3-5.

[27] 刘建峰. 一组与限制酶有关的疑难问题分析[J]. 中学生物学,2020,36(10):56-58.

[28] 李小川. PCR技术的教学设计[J]. 中学生物教学,2021(21):62-64.

[29] 李小书. "基因工程及其应用"一节的教学设计[J]. 生物学教学,2015,40(6):29-31.

[30] 汪勇. "蛋白质工程"一节教学设计[J]. 生物学通报,2020,55(1):18-20.

[31] Riggs A. D. Making cloning and the expression of human in sulin genesin bacteria:the path to humulin [J]. Endocrine Reviews,2021,42(3):374-380.